おむすびに心をこめて

佐藤初女《さとうはつめ》物語

あんずゆき

PHP研究所

食はいのち。
おむすびの心をみんなに伝《つた》えたい――。

自分自身《じしん》の経験《けいけん》から、食べることの大切さに気づき、
おむすびをむすんで人々《ひとびと》の心によりそった女性《じょせい》、佐藤初女《さとうはつめ》さん。
初女《はつめ》さんのおむすびを食べて、多くの人が元気を取《と》りもどした

ちぎった梅干《うめぼ》しを
ごはんの真《ま》ん中に
置《お》く

両手《りょうて》のたなごころ
（手の内側《うちがわ》）で、お米
が苦《くる》しくないよう
に、やさしくごはん
をむすんでいく

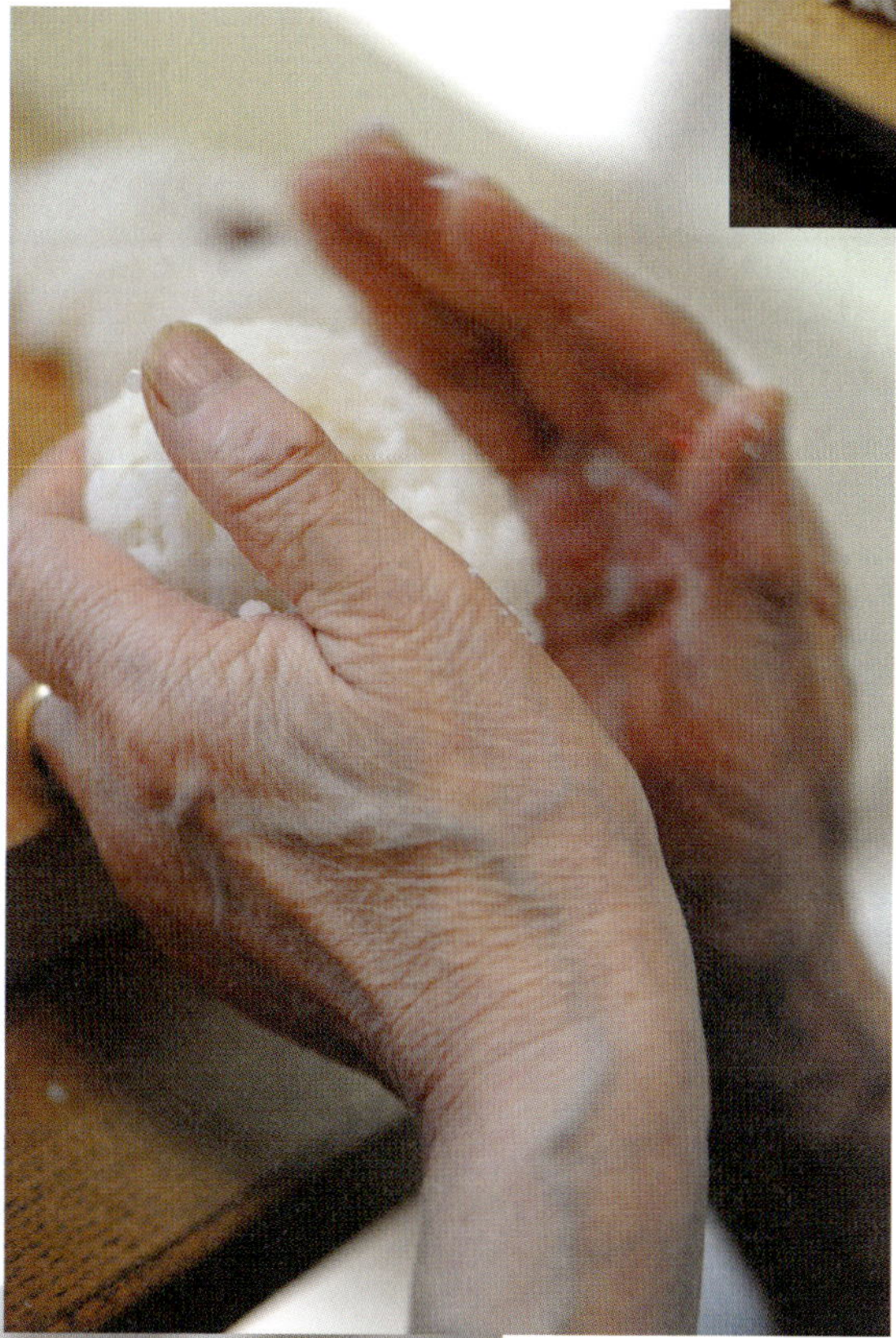

ノリでくるんで、初女《はつめ》さんの
おむすびのできあがり

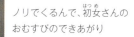

おとずれた人が元気を取《と》りもどし、もとの生活にもどっていけるよう、イタリアの言い伝《つた》えから名づけられた「森のイスキア」。庭《にわ》には大きな石が置《お》かれている

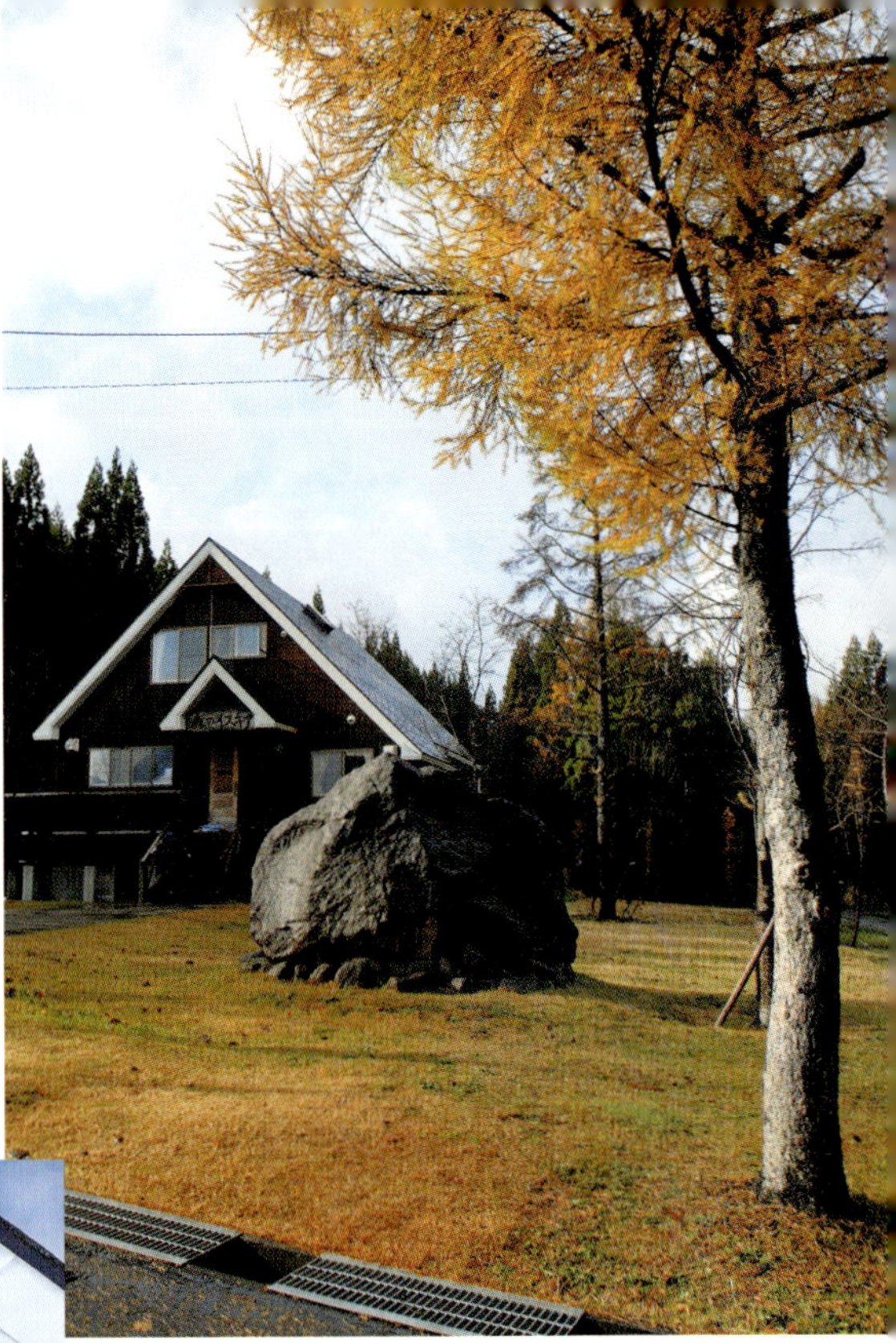

森のイスキアにおくられた鐘《かね》を鳴らす初女《はつめ》さん

わたしが持《も》っているすべての時間を
人々《ひとびと》に、神《かみ》さまに、ささげよう。

初女《はつめ》さんのおむすびを食べて、生きる力を取《と》りもどした青年の寄付《きふ》でつくられたお風呂《ふろ》は、人々《ひとびと》のつかれをいやしてきた

食材《しょくざい》には、すべていのちが宿《やど》っている。初女《はつめ》さん（右）はそう考えて、どんな食材《しょくざい》も大切に料理《りょうり》した

小さなボウルを使《つか》って、
わずかな水加減《みずかげん》を調整《ちょうせい》する

食べることは、「いのちの移《うつ》しかえ」。

食べることは、いのちをうばうことではない。食べもののいのちをいただいて、そのいのちとともに生きるということ。それが、初女《はつめ》さんが伝《つた》えたかった大きなテーマのひとつだ

もくじ

佐《さ》藤《とう》初《はつ》女《め》物語

1　京都《きょうと》の小学校で……10
2　鐘《かね》の音……23
3　わたしには心がある！……41
4　イスキアへの道……46
5　森のイスキアで……56
6　いのちの移《うつ》しかえ……71

7　悲《かな》しみを乗《の》り越《こ》えて……78
8　小さな森……85
9　あなたには、できることがあります……99
10　おむすびの心、世界《せかい》へ……118
11　それぞれの別《わか》れ……136
あとがき……155
佐藤初女《さとうはつめ》さんのあゆみ……157

1　京都《きょうと》の小学校で

京都市《きょうとし》の、ある小学校の家庭科室《かていかしつ》に、四年生から六年生の子どもたちが集《あつ》まっていました。

調理台《ちょうりだい》の上には、炊飯器《すいはんき》、ノリ、そして塩《しお》と梅干《うめぼ》しがならんでいます。

そのまわりを囲《かこ》んで、エプロンすがたの子どもたちがすわり、栄養教諭《えいようきょうゆ》の北山聖《きたやましょう》子《こ》先生と、そのとなりに立つ、こがらでほっそりしたおばあちゃんを見つめていました。

「じゃあ、これから、おむすび講習会《こうしゅうかい》を始《はじ》めます。こちらが佐藤初女《さとうはつめ》さんです。みんなのために、はるばる青森県弘前市《あおもりけんひろさきし》から来てくださいました。

みんな、ごあいさつしてください」

「こんにちは！」

元気な声がひびきます。

初女《はつめ》さんがにっこりうなずくと、北山《きたやま》先生は声をいっそう大きくしました。

「初女《はつめ》さんは、食べることを通して、たくさんの人を元気にしてこられました。

先生は、いつも『食べることは大事《だいじ》だよ』っていってるけど、今日は初女《はつめ》さんにおむすびのむすび方を教わって、食べることをもう一度《いちど》考えてほしいと思います。

まず、初女《はつめ》さんがお手本を見せてくれるから、みんなよく見て、あとで同じようにつくってみようね」

初女《はつめ》さんが、エプロンをつけ、頭に三角巾《さんかくきん》を巻《ま》いて、手を洗《あら》うと、北山《きたやま》先生がそばにある炊飯器《すいはんき》のふたをあけました。

白いゆげとともに、たきたてのごはんのおいしそうなにおいが広がります。

「わあ、ええにおいや」

「おなか空《す》いてきたー」

みんながザワザワすると、初女《はつめ》さんが、やさしく声をかけました。

「じゃあ、始《はじ》めましょ」

すると、ふしぎふしぎ。その声はちっとも大きくなくて、話しかけるようないい方なのに、ピタリとその場が静《しず》かになりました。

みんなの目は初女《はつめ》さんの手もとに集《あつ》まり、初女《はつめ》さんは、小ぶりなおわんに、なれた手つきでごはんを入れては、まな板《いた》の上にひっくり返《かえ》していきます。

それから、こんもりと山になったごはんのてっぺんを、おはしでちょいとつついて、小さくちぎった梅干《うめぼ》しを押《お》しこみました。

いよいよ、ごはんをむすびます。

初女《はつめ》さんは、ボウルに入れた水で両手《りょうて》をぬらしてから、塩《しお》をひとつまみ、手のひら全体《ぜんたい》になじませました。それから、ごはんの山をすくいとり、たなごころ（手の内側《うちがわ》）を使《つか》って、指《ゆび》には力を入れずにクックックックッと、丸く形を整《ととの》えていきます。

「ごはんのひとつぶ、ひとつぶが呼吸《こきゅう》できるように、むすんでくださいね」

それは初女《はつめ》さんがおむすびをむすぶとき、いちばん大切にしていることでした。

初女《はつめ》さんは、お米にも野菜《やさい》にも、いのちがあると考えているからです。

「えー。呼吸《こきゅう》ができるようにって、どうしたらいいの？」

子どもたちは、首をかしげています。

「手のひらを使《つか》って、ふんわりとむすぶの。ぎゅっとにぎったら、お米がきゅうくつなんですよ」

「ふうん。ぎゅっとにぎらなかったら、いいの？」

「ふんわりって、どんな感《かん》じかなあ」

みんな、首をかしげながら、初女《はつめ》さんの手の動《うご》きを見つめています。

そうしてむすんだ丸いおむすびを、四角く

おむすびづくりのお手本を見せてくれる佐藤初女《さとうはつめ》さん

切った二枚《にまい》のノリでやさしくくるみ、初女《はつめ》さんはにっこりとほほえみました。

「はい。できましたよ」

「じゃあ、みんなもやってみようか！」

北山《きたやま》先生がよく通る声でそういうと、みんな、やる気まんまん。いっせいにおむすびづくりが始《はじ》まりました。

「形はちょっとくらい悪《わる》くてもええから、心をこめてつくってね。それが大切やで」

「はーい」

「うん、わかった」

みんなは真剣《しんけん》に、ごはんをむすんでいます。

「先生、これくらいなら、呼吸《こきゅう》できてる？」

「ノリに、ごはんつぶで目と口をつくったよ」

初女《はつめ》さんが目を細めて、そんな子どもたちを見つめています。

北山《きたやま》先生は、ようやくかなったこの光景《こうけい》に、胸《むね》を熱《あつ》くしていました。

北山《きたやま》さんが初《はじ》めて初女《はつめ》さんと出会ったのは、二〇〇三年、初女《はつめ》さんが八十二歳《さい》、北山《きたやま》さんが三十歳《さい》のときでした。

初女《はつめ》さんのことを知りたいという友人にさそわれ、いっしょに青森県弘前市《あおもりけんひろさきし》にある「森のイスキア」をたずねてみたのです。

森のイスキアは初女《はつめ》さんの活動拠点《かつどうきょてん》で、岩木山《いわきさん》のふもとの、緑《みどり》が美《うつく》しい森のなかにありました。

そこをおとずれる人たちをむかえ入れる初女《はつめ》さんは、

心をこめて、おむすびづくりに挑戦《ちょうせん》

かわいいおむすびの完成《かんせい》

もの静《しず》かな無口《むくち》な人で、北山《きたやま》さんは特《とく》に話をしたわけでもなく、初女《はつめ》さんとスタッフが手づくりしてくれたお料理《りょうり》をいっしょに食べただけでしたが、それでも、その場の温《あたた》かい雰囲気《ふんいき》や、初女《はつめ》さんのおだやかなまなざしが、忘《わす》れられない思い出になりました。

その翌年《よくとし》、北山《きたやま》さんは、仕事《しごと》がいそがしすぎることや、自分の理想《りそう》どおりにできないことに、強いストレスを感《かん》じるようになりました。

そして、それが原因《げんいん》で体調《たいちょう》をくずしてしまったのです。

毎日がつらくて、けれど、どうしたらいいのかわかりません。食べることが大好《だいす》きだったはずなのに、このごろは、ただ食べているだけで、「おいしい！」と思えません。

そんなある日、ふと、初女《はつめ》さんの顔が浮《う》かびました。

森のイスキアをおとずれたとき、初女《はつめ》さんは野菜《やさい》を手にして、こんな話をしていました。

「この食材《しょくざい》がわたしたちの体に入って、いのちになるんですよ。だから、食材《しょくざい》自体が、いのちなんです」

そんなことは、わかっているつもりでした。でも今、食材《しょくざい》のいのちをいただく元気がありません。

（どうしたらいいのか、教えてほしい）

北山《きたやま》さんは、すがる思いで青森《あおもり》へと旅立《たびだ》ったのでした。

ふたたびおとずれた森のイスキアで、北山《きたやま》さんは、初女《はつめ》さんといっしょに夕食の場につきました。

丸い大きな食卓《しょくたく》には、おむすびや、ニンジンの白和《しらあ》え、青菜《あおな》のおひたし、お漬物《つけもの》など、いろんな手料理《てりょうり》がならんでいます。

でも、やっぱり食欲《しょくよく》はありません。だからお料理《りょうり》に手が伸《の》びず、手もとの取《と》り皿《ざら》は空っぽのままでした。

ただぼうっとすわっているだけの北山《きたやま》さんに、初女《はつめ》さんが話しかけました。

「ここができたとき、シラカバが何本かあって、でもずいぶん細かったんですよ。それが今はあんなに大きくなって」

そのおだやかな目は、窓《まど》の向《む》こうのシラカバの木に向《む》けられていて、北山《きたやま》さんも思わず、その木をじっと見つめました。

すると、初女《はつめ》さんは、こう話を続《つづ》けたのです。

「それでも枝《えだ》はゆれるんだよね。

わたしも大きくゆれるし、まようこともある。だけどね、芯《しん》がしっかりしていた

森のイスキアの庭《にわ》で、大きく育《そだ》ったシラカバの枝《えだ》が風にゆれていた

ら、枝《えだ》はゆれてもいいんだよ」

やわらかい津軽弁《つがるべん》が胸《むね》にしみました。

北山《きたやま》さんから見れば、初女《はつめ》さんは『地球交響曲第二番《ガイアシンフォニーだいにばん》』というドキュメンタリー映画《えいが》に出て、全国《ぜんこく》で講演《こうえん》もし、たくさんの人にしたわれるすごい人です。

（そんな人でも、ゆれるんだ……。そうか、わたしもゆれていいんだ）

そう思うと、胸《むね》につかえていた重《おも》いものが、すーっと消《き》えていくようでした。

そんなあいまに、初女《はつめ》さんが、空っぽのお皿《さら》にお料理《りょうり》をのせてくれました。ニンジンの白和《しらあ》え、ノリにくるまれた丸いおむすび……。

こみあげるなみだをぬぐいながら、北山《きたやま》さんは手を合わせました。

「ありがとうございます。いただきます」

そのときから、北山《きたやま》さんは、

（いつか初女《はつめ》さんに学校に来てもらって、子どもたちといっしょに、おむすびをつ

くってもらいたい）

そんな夢《ゆめ》を持《も》つようになりました。

でも、初女《はつめ》さんがいそがしくて、夢《ゆめ》はなかなかかないません。

そこで、まず自分が、初女《はつめ》さんのおむすびをつくる調理実習《ちょうりじっしゅう》をしてみようと思いたちました。

ところが――。

「六年生最後《さいご》の調理実習《ちょうりじっしゅう》では、おむすびをつくるからね」

そういうと、子どもたちは口々《くちぐち》に不満《ふまん》をもらしました。

「そんなん、いやや」

「おにぎりなんか、コンビニで売ってるやんか」

「もっと、ええもんつくりたい」

北山《きたやま》さんには、子どもたちの気持《きも》ちがよくわかっていました。

（みんな、ケーキとかハンバーグとか、そんなものをつくりたいんだろうな）

でも、どうしても、どうしても、おむすびを通して、みんなに伝《つた》えたかったのです。

めずらしくもない、はなやかさもない「おむすび」を、心をこめてつくっている人がいるということ。そして、元気がなかったのに、なやみがいっぱいだったのに、そのおむすびに力をもらって、毎日を大切に生きるようになった人たちがいるということ――。

そんな気持《きも》ちでおむすびの調理実習《ちょうりじっしゅう》を何年か続《つづ》けてきて、ようやく北山《きたやま》さんの夢《ゆめ》はかないました。

初女《はつめ》さんとおむすびをつくって、子どもたちは何を感《かん》じてくれたでしょう。

「初女《はつめ》さんへ

おいしいおむすびのつくり方を教えてくださってありがとうございました。

ごはんのひとつぶひとつぶが大切だということを教えてもらいました。

それを意識《いしき》して食べてみると、いつもの二倍《にばい》おいしかったです。（五年・麻生《まお》）」

「わたしの班《はん》は、とっても大きいおむすびをつくりました。北山《きたやま》先生に、『責任《せきにん》を持《も》って食べてね』といわれて、『わかりました!!』といったけど、大きくて、六人で分けて食べても、おなかがいっぱいになってしまって、最後《さいご》まで食べると、おなかがはれつしそうになりました。

おむすびは、やっぱりみんなを笑顔《えがお》にしてくれる食べものだと思いました。初女《はつめ》さんはこれまで、おむすびをつくって、みんなを笑顔《えがお》にしたんだなあと思いました。（六年・萌花《もえか》）」

「佐藤《さとう》初女《はつめ》さんに教えていただいたおむすびをつくりました。

やってみたらむずかしかったです。

おむすびをつくるのに、たなごころを使《つか》うということがわかりました。初女《はつめ》さんのように、うまくはできなかったけど、おいしくできたので満足《まんぞく》でした。次《つぎ》は、心をこめてつくったおにぎりを家族《かぞく》にも食べてほしいです。（六年・成美《なるみ》）」

2 鐘《かね》の音

佐藤初女《さとうはつめ》さんは、一九二一年十月三日、神貞範《じんさだのり》・とき夫妻《ふさい》の長女として、青森県《あおもりけん》青森市《あおもりし》の北に位置《いち》する沖館《おきだて》で生まれました。

八人きょうだい（四男四女）ですが、二歳《さい》年下の妹は小学校一年生のときに病気《びょうき》で亡《な》くなっています。

神家《じんけ》は、もとは津軽藩《つがるはん》の武士《ぶし》の家柄《いえがら》で、代々《だいだい》、右筆《ゆうひつ》の家系《かけい》でした。

右筆《ゆうひつ》というのは、武家《ぶけ》で記録《きろく》を受《う》け持《も》った職《しょく》のことです。

「母は町人の家系《かけい》で、肩身《かたみ》がせまかった

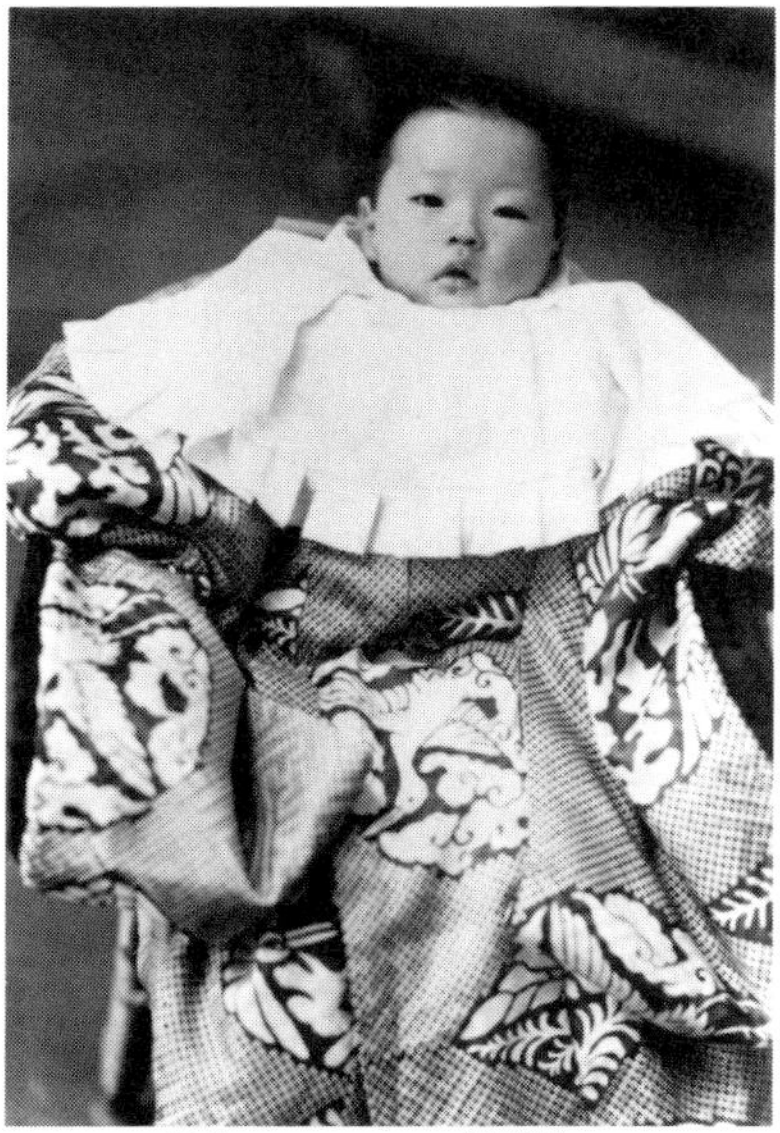

1921年、神家《じんけ》の長女として青森県《あおもりけん》に生まれる

みたい」と、初女《はつめ》さんは語っています。

初女《はつめ》さんが生まれたのは大正時代《じだい》で、もちろん、武士《ぶし》、町人というような区別《くべつ》はありません。でも、まだまだ「家の格《かく》」というものが重《おも》んじられていた時代《じだい》でした。

生家は、青森湾《あおもりわん》に注《そそ》ぐ油川《あぶらかわ》に面《めん》したところにあって、材木《ざいもく》や海産物《かいさんぶつ》などの運送《うんそう》にたずさわっていました。たいそう繁盛《はんじょう》していて、一家は経済的《けいざいてき》にとても恵《めぐ》まれていたようです。

きょうだいのなかで、いちばん年上だった初女《はつめ》さんは、お母さんやおばあちゃんに、とてもかわいがられて育《そだ》ちました。

しかられるのがいやな性格《せいかく》で、いつもいいお姉ちゃんでいようと努力《どりょく》し、だれか

後列《こうれつ》左に立つのが初女《はつめ》さん。きょうだいたちとお母さん、おばあちゃん、叔母《おば》さんといとこもいっしょに

ら見ても、ほめられてばかりのいい子だったといいます。

そんな初女《はつめ》さんが五歳《さい》のころのこと。

おばあちゃんの家に泊《と》まっていた初女《はつめ》さんは、雪の積《つ》もったある冬の朝、ふとんのなかで、生まれて初《はじ》めて鐘《かね》の音を聞きました。

カーン、カーン、カーン。

それは、おさない初女《はつめ》さんにとって、とても神秘的《しんぴてき》なひびきでした。

「あの音はどこから聞こえるの？」

おばあちゃんにたずねると、おばあちゃんは、初女《はつめ》さんの頭をやさしくなでながら、こう答えました。

「あれは、アンジェラスの鐘《かね》といってね。近所《きんじょ》にある教会で、お祈《いの》りの時間を知らせるために、一日三回鳴らされているんだよ」

教会で鐘《かね》が鳴らされている……。もちろん、そのころの初女《はつめ》さんには、教会がどんなところか、想像《そうぞう》もつきません。

行ってみたい――。そう思った初女《はつめ》さんは、さっそく、いとこをさそって教会をたずね、その洋風《ようふう》の建物《たてもの》を見て、びっくりしました。

「なんてきれいなの！」

教会は、まわりの家々《いえいえ》とはまったくちがっていました。とがった屋根《やね》、白い壁《かべ》、庭《にわ》には花壇《かだん》があって、赤や黄色の花が風にゆれながら咲《さ》いています。

裕福《ゆうふく》だった初女《はつめ》さんの家には大きな庭《にわ》がありましたが、木々《きぎ》や池、石などで造《つく》られた和風《わふう》の庭園《ていえん》で、こんなに色あざやかな花壇《かだん》など、見たこともありませんでした。

（まるで絵本に出てくる天国みたい）

ふたりは、うっとりとそこに立っていました。もしかして、とびらが開《ひら》いて人が出てきたら、なかに入れてもらえるかもしれない、そう思いながら……。

けれど、結局《けっきょく》、とびらが開《ひら》くことはなく、それは何度《なんど》行っても同じでした。

そのときから、初女《はつめ》さんは、鐘《かね》の音に強いあこがれをいだくようになりました。

そして、その気持《きも》ちはおとなになっても変《か》わらずに、心のなかにあったのです。

そんな初女《はつめ》さんに、思いがけないことが起《お》こりました。

十三歳《さい》のころ、お父さんが事業《じぎょう》に失敗《しっぱい》したために、大きな屋敷《やしき》は人の手にわたり、一家は、青森市《あおもりし》から北海道《ほっかいどう》の函館市《はこだてし》に引っ越《こ》すことになったのです。

(これから先、どうなるんだろう)

(ちゃんとくらしていけるのかしら)

家族《かぞく》みんなが生活の変化《へんか》にとまどい、家のなかには重苦《おもくる》しい空気がただよっていました。

それでも、初女《はつめ》さんはいつも笑顔《えがお》でした。

(わたしは、お姉ちゃんなんだから、しっかりしなくては)

そう考えて、肩《かた》を落《お》とすお母さんによりそい、べそをかく弟や妹をはげまし、やさしくめんどうをみました。

その一方で、新しく通うことになった北海道庁立函館高等女学校《ほっかいどうちょうりつはこだてこうとう》（現在《げんざい》の北海道《ほっかいどう》函館西高校《はこだてにし》）での日々《ひび》は、まさに初女《はつめ》さんの青春そのものでした。

学校は、函館山《はこだてやま》のふもと、函館港《はこだてこう》や市街《しがい》を見下ろせる八幡坂《はちまんざか》をのぼりきったところにありました。

すぐ近くには真《ま》っ白な壁《かべ》と緑《みどり》の屋根《やね》を持《も》つハリストス正教会が、道路《どうろ》をへだてたところにはフランス系《けい》のカトリック教会があって、外国にいるような風情《ふぜい》です。

そんな環境《かんきょう》のなかで、初女《はつめ》さんは友だちとおしゃべりをしながら、学校近くの草むらで四葉《よつば》のクローバーを探《さが》したり、歌を歌ったりしてすごしていました。

当時、女学生のあいだではやっていたのが、吉屋信子《よしやのぶこ》さんの少女小説《しょうせつ》でした。図書館《としょかん》へ行っては、みんな夢中《むちゅう》になって読み、もちろん、初女《はつめ》さんも大ファンで、あるとき、思い切ったことをしました。

吉屋《よしや》さんに函館《はこだて》の初夏《しょか》の香《かお》りを届《とど》けようと、スズランの花を送《おく》ったのです。

その話をすると、友だちは目を丸くしました。

「どうやって送《おく》ったの？　まさか郵便《ゆうびん》で？」

「ええ。そのままではしおれてしまうから、しめらせた紙で包《つつ》んで、箱《はこ》には空気穴《くうきあな》をあけて……」

そんな工夫《くふう》が成功《せいこう》して、花は無事《ぶじ》に届《とど》き、すると、思いがけず吉屋《よしや》さんからていねいなお礼《れい》の手紙が送《おく》られてきました。

初女《はつめ》さんは大喜《おおよろこ》び。友だちはみんなうらやましがり、そこから相談《そうだん》が始《はじ》まりました。

「せっかくお手紙をいただいたのだから、もっと親しくなりたいわ。どうしたらいいかしら」

初女《はつめ》さんがそういうと、みんなが知恵《ちえ》をしぼります。

「そうねえ、吉屋《よしや》先生の家の前でたおれたら、家のなかに入れて、めんどうをみてくださるんじゃない？」

「もし見つけてもらえなかったら、どうするのよ」

「うーん、たおれたままでいるのは、ちょっとはずかしいわね」

みんなの笑《わら》い声が、大きく広がった空にこだまします。

友人たちと楽しくすごし、勉強《べんきょう》し、本を読み……初女《はつめ》さんは、毎日を思うぞんぶん楽しんでいるようでした。

そんなある日。

学校の帰りに、友だちといっしょにカトリック教会のなかをのぞくと、高くそびえる塔《とう》のうらに、ひっそりとまつられた一・五メートルほどのマリア像《ぞう》が見えました。

(ふしぎなくらい、心が安《やす》らぐわ……)

初女《はつめ》さんはマリア像《ぞう》を見つめて、ほうっと息《いき》をはきました。

じつは、初女《はつめ》さんの心のなかには悲《かな》しみや不安《ふあん》が大きくうずまいていました。

今のくらしは、青森《あおもり》にいたころとはあまりにもちがいました。両親《りょうしん》がお金にこまっていることも知っています。

家のなかでも学校でも、いつも明るくふるまっていましたが、それはうわべだけで、ほんとうは、胸《むね》がつぶれそうなほど心配《しんぱい》していたのです。

でも、初女《はつめ》さんは、それをだれにもいいませんでした。

（これからどうなるのか不安《ふあん》だなんていったら、両親《りょうしん》をどれほど傷《きず》つけるかわからないわ。弟や妹たちだって、もっと不《ふ》安《あん》になってしまう）

相手《あいて》の気持《きも》ちを思うと、いえるわけがありません。

そうするうちに初女《はつめ》さんの体調《たいちょう》が、少しずつ悪《わる》くなっていきました。

食欲《しょくよく》が落《お》ち、何を食べても砂《すな》をかん

初女《はつめ》さんも見たカトリック元町《もとまち》教会のマリア像《ぞう》

でいるようで、おちゃわんのなかのごはんがなかなかへりません。食べられないから、体力も落《お》ちていきます。

そのうち、小さなせきが出るようになりました。

コホ、コホ。コホ、コホン。

(おかしいなあ。カゼでもないのに)

最初《さいしょ》のうちは、すぐに治《なお》ると思っていました。ところが、せきはおさまるどころか、だんだんひどくなっていきます。

それでもがまんしていたある日、急《きゅう》に胸《むね》が苦《くる》しくなってせきこんだ初女《はつめ》さんは、血《ち》をはいてしまいました。

病名《びょうめい》は、肺浸潤《はいしんじゅん》。肺結核《はいけっかく》の初期《しょき》でした。

それからというもの、せきをすればもちろん、笑《わら》っても血管《けっかん》が切れて血《ち》をはきました。ゲタをはいて歩くと、そのゆれが胸《むね》にひびいて、やはり血《ち》をはいてしまいます。

それでも、初女《はつめ》さんには強い意志《いし》がありました。

（学校に行きたい。勉強《べんきょう》もしたい。やれるところまで、やってみよう）

結核《けっかく》は伝染病《でんせんびょう》ですが、当時はまだ、十分な対策《たいさく》がとられていない時代《じだい》だったので、学校に通うことができたのです。

そうしてむりを重《かさ》ねていたある夜、寝《ね》ていた初女《はつめ》さんは、ふすまに飛《と》びちるほど大量《たいりょう》に血《ち》をはいて、まったく動《うご》けなくなってしまいました。

病院《びょういん》に運《はこ》ばれ、そのまま入院《にゅういん》して薬《くすり》と注射《ちゅうしゃ》の治療《ちりょう》を続《つづ》けましたが、その効《き》き目はわずかで、回復《かいふく》の見こみはたちません。

お医者《いしゃ》さんも、「この病気《びょうき》は、治《なお》ることはありません」といいます。

（もう治《なお》らないのかしら……）

十六、十七歳《さい》のころ、初女《はつめ》さんは病室《びょうしつ》で、ひとり本を読みながら、つらい日々《ひび》をすごしていました。

大きな転機《てんき》になったのは、おばあちゃんのひと言でした。

「初女《はつめ》は青森《あおもり》に帰ってきたら、きっと元気になりますよ」

ふるさとに帰ったら、きっと病気《びょうき》も治《なお》るにちがいない。おばあちゃんはそう信《しん》じて、それを強く希望《きぼう》したのです。

そこで、初女《はつめ》さんは女学校を中退《ちゅうたい》し、おばあちゃんの家で療養《りょうよう》することになりました。

春のある日のこと。

「初女《はつめ》、退院《たいいん》おめでとう。よかったね！」

叔母《おば》さんが、旬《しゅん》の桜鯛《さくらだい》を持《も》って、初女《はつめ》さんを見舞《みま》ってくれました。

桜鯛《さくらだい》というのは、五月の産卵《さんらん》が近づいて、体の色がうっすらとピンクがかった真鯛《まだい》のことです。

ザルに緑《みどり》の葉《は》がしかれ、その上にのった桜鯛《さくらだい》は、それはそれは美《うつく》しくかがやいていました。

　その鯛《たい》はさっそく料理《りょうり》され、目の前に塩《しお》だけで味《あじ》をつけたうしお汁《じる》や、骨《ほね》がついたまま煮《に》つけたあら煮《に》がならびましたが、すっかり弱っていた初女《はつめ》さんは、食欲《しょくよく》がありません。でも、

（せっかく叔母《おば》さんが持《も》ってきてくれた鯛《たい》だもの。せめてひと口だけでも、食べないと）

　そう思って、あら煮《に》をそっと口に運《はこ》び、ひと口、ふた口……。

「おいしい！」

　思わず声が出て、顔がほころびました。

　うしお汁《じる》もゆっくりすすると、鯛《たい》のおいしいダシが指《ゆび》の先までしみこんでいくようで、体の奥《おく》からふつふつと、（食べたい！　生きたい！）という気持《きも》ちがわきあがってきます。

　それは、薬《くすり》や注射《ちゅうしゃ》で治療《ちりょう》を続《つづ》けていたときには感《かん》じたことのない、力強いものでした。

おいしいと感《かん》じることが、生きようとする心につながっている――初《はつ》女《め》さんが食べることを大切に思う気《き》持《も》ちは、この瞬《しゅん》間《かん》に生まれたのです。

そのころから、初《はつ》女《め》さんは薬《くすり》にたよることをやめました。

（食べものにいのちをいただいて、元気になろう。長生きはできないかもしれないけれど、自分ができることをやっていこう）

前を向《む》いて生きる気《き》持《も》ちが、初《はつ》女《め》さんの人生を変《か》えたのかもしれません。

ある日、うれしい知らせがありました。

おばあちゃんの家の近くに、カナダから来た五人の修《しゅう》道《どう》女《じょ》が学校を新しくつくるというのです。もう学校には通えないかもしれないと思っていた初《はつ》女《め》さんは、胸《むね》をおどらせました。

小さいころに聞いた鐘《かね》の音や、函《はこ》館《だて》の教会で見たマリア像《ぞう》のすがたが、あざやかによみがえってきます。

（わたし、その学校に通いたい！）

ところが、両親《りょうしん》は、「体調《たいちょう》が悪《わる》いのに……」と、かんたんにはゆるしてくれませんでした。でも、初女《はつめ》さんはあきらめず、何度《なんど》もたのんで、その学校、つまり青森《あおもり》技芸学院《ぎげいがくいん》（現在《げんざい》の青森明《あおもりあけ》の星《ほし》高校）に入学するのをゆるしてもらったのです。

療養《りょうよう》しながら通学し、無事《ぶじ》に卒業《そつぎょう》した初女《はつめ》さんは、小学校の家庭科《かていか》の教師《きょうし》になりました。

自分は長く生きられない。だから子どもたちの心のなかに長く生きられたらうれしい――そんな気持《きも》ちから選《えら》んだ仕事《しごと》でした。

実際《じっさい》、初女《はつめ》さんは三年間教師《きょうし》を続《つづ》けましたが、病気《びょうき》をかかえたままだったので、学校を休むこともたびたびありました。そこへ佐藤又一《さとうまたいち》校長がお見舞《みま》いにきて、話すことがふえ、一九四四年五月、二十六歳《さい》とい

青森技芸学院卒業《あおもりぎげいがくいんそつぎょう》のころ。お母さんの服《ふく》を仕立《した》て直《なお》して。

う年の差《さ》を越《こ》えて、ふたりは結婚《けっこん》することになったのです。

せっかくつかんだ幸《しあわ》せでしたが、日本は第二次世界大戦《だいにじせかいたいせん》（太平洋戦争《たいへいようせんそう》）のまっただなかで、敗戦《はいせん》の色がますます濃《こ》くなっているときでした。

翌年《よくとし》の一九四五年、東京《とうきょう》をはじめ、日本のあちこちがアメリカ軍《ぐん》の空襲《くうしゅう》を受《う》けるなか、青森《あおもり》も七月二十八日に青森空襲《あおもりくうしゅう》がありました。

そのとき、ふたりがくらしていた家も焼《や》け、弘前《ひろさき》に住《す》む知り合いが、

「こっちに移《うつ》ってきたらどうか」

と声をかけてくれたのをきっかけに、弘前市《ひろさきし》に引っ越《こ》し。半月後には終戦《しゅうせん》をむかえました。

二年後、初女《はつめ》さんは、いのちの保証《ほしょう》はないといわれながら、男の子を出産《しゅっさん》し、芳《よし》信《のぶ》と名づけました。ただ、病気《びょうき》のせいで、おんぶもだっこもできません。

日光に当たると体のふたんになるので、遠足や運動会《うんどうかい》も、ほかの人に代《か》わりに行ってもらわなければなりません。

（ごめんね。わたしが元気だったら……）

初女《はつめ》さんは、心のなかでいつも芳信《よしのぶ》さんにあやまっていました。

けれど、そんなつらい気持《きも》ちが、すっきりと晴れる日がやってきました。

三十五歳《さい》のころ、せきも体のだるさも消《き》え、病気《びょうき》が完全《かんぜん》に治《なお》ったと実感《じっかん》したのです。

病気《びょうき》からときはなたれて、初女《はつめ》さんの胸《むね》には、大きな感謝《かんしゃ》と喜《よろこ》びがあふれてきました。

（健康《けんこう》って、なんてありがたいんだろう。働《はたら》けるって、なんてすばらしいことなんだろう！）

発病《はつびょう》してから十八年ほど、叔母《おば》さんがつくってくれた桜鯛《さくらだい》のお料《りょう》理《り》を食べたときから、初女《はつめ》さんは

1955年ごろ、夫《おっと》の又一《またいち》さんと

薬《くすり》にたよらず、毎日の食事《しょくじ》を大切にしてきました。そのおかげで、医者《いしゃ》に治《なお》らないといわれた病気《びょうき》を、みごとに克服《こくふく》したのです。

「食はいのち」

その生涯《しょうがい》にわたって伝《つた》えようとした大きなメッセージは、自分の体験《たいけん》から生まれたものでした。

3　わたしには心がある！

その二年ほど前の一九五四年、初女《はつめ》さんは、小学校一年生になった芳信《よしのぶ》さんといっしょに、カトリックの洗礼《せんれい》を受《う》けています。そして夫《おっと》、又一《またいち》さんの、「鉄《てつ》は鉄《てつ》でみがかれる。人は人でみがかれる。人のなかに出ないと成長《せいちょう》しないから、どんどん出たらいいんだよ」

という言葉《ことば》にはげまされて、ずっと興味《きょうみ》を持《も》っていた、ろうけつ染《ぞ》め（ろうと樹脂《じゅし》を使《つか》った染色法《せんしょくほう》）を習《なら》い始《はじ》め、一九五八年には、「弘前染色工房《ひろさきせんしょくこうぼう》」を自宅《じたく》で開《ひら》きました。

また、後には弘前学院短期大学家政科《ひろさきがくいんたんきだいがくかせいか》の非常勤講師《ひじょうきんこうし》をつとめたり、ガールスカウトの考え方に共鳴《きょうめい》して団員《だんいん》になり、団委員長《だんいいんちょう》を引き受《う》けたりもしています。

かかわる人がふえると、初女《はつめ》さんの自宅《じたく》にはたくさんの人が集《あつ》まるようになりました。初女《はつめ》さんはそんな人たちに食事《しょくじ》を出して、いっしょに食べながら、それぞれの話に耳をかたむけます。

そもそも、初女《はつめ》さんのお母さんもおばあちゃんも、ひとりぐらしのお年寄《としよ》りのところにおかずを運《はこ》んだり、当時は御用聞《ごようき》きといって野菜《やさい》や肉、魚などの注文《ちゅうもん》を取《と》りにくる人がいたのですが、その人たちや、それぞれの家を訪問《ほうもん》して薬《くすり》を売る、薬売《くすりう》りにも食事《しょくじ》を出してあげるくらい親切な人たちでした。

そんな光景《こうけい》を見て育《そだ》った初女《はつめ》さんにとって、自分をたずねてきた人のためにお料理《りょうり》をつくってもてなすのは、ごくあたりまえのことだったのでしょう。

食べながらおしゃべりをしていると、それぞれが、ポツポツと自分のなやみを話すようになりました。初女《はつめ》さんは、じっくりと耳をかたむけ、その人のために短《みじか》くアドバイスをします。

「初女《はつめ》さんに話を聞いてもらうと、それだけでホッとして、元気になれるの」

そんな言葉《ことば》が人から人へと伝《つた》わって、初女《はつめ》さんの自宅《じたく》には、遠いところからも人がたずねてくるようになりました。

初女《はつめ》さんが四十九歳《さい》のとき、さらに人のために生きようとするきっかけになったできごとがありました。

明治《めいじ》四十三年に建《た》てられたという、カトリック弘前《ひろさき》教会でのミサに参加《さんか》したとき、その教会のヴァレー神父《しんぷ》がこういったのです。

「奉仕《ほうし》のない人生は意味《いみ》がありません。奉仕《ほうし》には犠牲《ぎせい》がともないます。犠牲《ぎせい》をともなわない奉仕《ほうし》は真《しん》の奉仕《ほうし》ではありません」

ステンドグラスを通してさしこ

カトリック弘前《ひろさき》教会のミサで、人々《ひとびと》を前に話をするヴァレー神父《しんぷ》

む光の下で、初女《はつめ》さんの心は大きくゆさぶられていました。

奉仕《ほうし》とは、社会や人のためにつくすことです。

初女《はつめ》さんはこれまで、まわりの人の相談《そうだん》にのったり、食べものをわけあったりして、むりなくできることは、やっていました。でも、それは厚意《こうい》であって、ほんとうの奉仕《ほうし》といえないのではないか。奉仕《ほうし》というならもう一歩進《すす》まないと――そう思ったのです。

（でも、わたしには経済力《けいざいりょく》も能力《のうりょく》もない。こんなわたしに、いったい何ができるかしら）

帰り道、そんなことをぐるぐる考えながら、初女《はつめ》さんは雪どけ道を歩いていました。そして、交差点《こうさてん》で立ち止まったとき、とつぜん、ひらめいたのです。

（そうか。わたしには心がある！　心だけはわたしにもあるし、心はわき出る水のように、どれほど使《つか》ってもなくなることはない）

初女《はつめ》さんは、心に決《き》めました。

もしも夜中にだれかがたずねてきても、こわいと思わずに、ドアを開《あ》けてむかえ入れよう。つかれはてているときでも、めんどうがらずにドアを開《あ》けよう。自分が今、やらなくてはならないことがあるときでも、自分のつごうより、この人と会うことのほうが大切だと考えよう。

みんな、わたしをたよって、たずねてこられるのだから、わたしが持《も》っている時間を、神《かみ》さまにささげる時間として使《つか》えばいい……。

ところで、初女《はつめ》さんは敬虔《けいけん》なカトリックの信者《しんじゃ》でしたが、人に対《たい》して「神《かみ》さま」という言葉《ことば》は使《つか》わず、また、信仰《しんこう》をすすめることもありませんでした。

自分は信徒《しんと》でも、自分の活動《かつどう》は、人に神《かみ》さまを信《しん》じなさいということではない。たとえば山の頂上《ちょうじょう》を目指《めざ》すとき、道はいくつもある。どの道を選《えら》ぶのかは人それぞれで、信仰《しんこう》もそれと同じ――そう考えていたのです。

それもまた、初女《はつめ》さんの信念《しんねん》でした。

4　イスキアへの道

そんな決意《けつい》で日々《ひび》をすごしていくうちに、悲《かな》しいできごとが起《お》こりました。

夫《おっと》の又一《またいち》さんが七十九歳《さい》で亡《な》くなったのです。

初女《はつめ》さん五十二歳《さい》、芳信《よしのぶ》さん二十六歳《さい》のときでした。

それでも、初女《はつめ》さんは悲《かな》しみにうちひしがれるのではなく、さらに人のために働《はたら》こうとしていました。

ただ、たずねてくる人はふえるいっぽうなのに、自宅《じたく》のかぎられた空間では、そんなにたくさんの人は入れません。

（できるだけゆったりとお話を聞きたいのだけれど、どうしたらいいかしら）

そんなことを考えていると、初女《はつめ》さんに助《たす》けられた人たちが協力《きょうりょく》してくれました。おかげで自宅《じたく》の二階《にかい》に二間を増築《ぞうちく》することができ、一九八三年、初女《はつめ》さんは思いをこめて、その場所《ばしょ》を「弘前《ひろさき》イスキア」と名づけたのです。

ところで、初女《はつめ》さんはどうして「イスキア」という耳なれない言葉《ことば》を使《つか》ったのでしょう。

イスキア（正確《せいかく》にはイスキア島《とう》）は、イタリア南西部《なんせいぶ》、地中海《ちちゅうかい》ナポリ湾《わん》の西に浮《う》かぶ火山島《かざんとう》で、今はリゾート地として、ホテルや別荘《べっそう》がたちならんでいます。

その島《しま》には、古くから言い伝《つた》えられた、こんなお話がありました。

「ナポリの大金持《おおがねも》ちの息子《むすこ》で、美《うつく》しく、ものごとをよく知るひとりの青年がいました。

初女《はつめ》さんの自宅《じたく》でもある弘前《ひろさき》イスキア

何不自由《なにふじゆう》なく生きていた青年は、愛《あい》する美《うつく》しい娘《むすめ》と、ボートで湖《みずうみ》にこぎだし、愛《あい》を語り、満《み》ち足りた思いになったその瞬間《しゅんかん》に、どうしようもなくむなしくなりました。

それから、青年は何をする気にもなれなくなってしまいました。

そんなある日、少年時代《じだい》に父親といっしょにイスキア島《とう》をたずねたときの、わくわくした気持《きも》ちを思い出してハッとしたのです。

（あのときのように、みずみずしい感性《かんせい》で、すべてのものに好奇心《こうきしん》を持《も》ち、いきいきしていた自分を取《と》りもどしたい！）

そう思った青年は、ひとり、イスキア島《とう》に出かけました。

島《しま》は、そのときには廃墟《はいきょ》になっていて、だれも住《す》む人はいませんでした。

島《しま》の真《ま》ん中には教会があって、青年は、その一角にある司祭館《しさいかん》に住《す》んだのですが、そこからながめる風景《ふうけい》はおだやかで、夜になると塔《とう》も城壁《じょうへき》も月光を浴《あ》びて光り、絵のような美《うつく》しさでした。

そんな風景《ふうけい》をながめながら、青年は自分自身《じしん》を見つめ、ふたたびみずみずしい気《き》持《も》ちを取《と》りもどして、もとの生活に帰ったのです」

この話から、初女《はつめ》さんは自分をたずねてくる人たちが、言い伝《つた》えの青年のようにみずみずしい気《き》持《も》ちを取《と》りもどし、元気になってもとの生活に帰っていけるようにという願《ねが》いをこめて、イスキアという言葉《ことば》を自分の活動《かつどう》の場の名称《めいしょう》に使《つか》ったのでした。

又一《またいち》さんが亡《な》くなったあと、大好《だいす》きだったお母さんも九十三歳《さい》で亡《な》くなり、お父さんもすでに亡《な》くなっていたので、初女《はつめ》さんは、弘前《ひろさき》イスキアをたずねてくる人たちのために、ますます働《はたら》くようになりました。

めんどうくさい、という言葉《ことば》がきらいというだけあって、自分がどれほどいそがしくても、食材《しょくざい》を大切にあつかい、手間をかけてお料理《りょうり》をつくります。

手間をかけるということは、心をかけるということ。心をかけることは時間をかけるということだと考えているからです。

心に大きななやみをかかえて初女《はつめ》さんをたずねてくる人は、着《つ》いたときには声に元気がなく、食事《しょくじ》をとるどころか、お茶さえも飲《の》めません。

それは、初女《はつめ》さん自身《じしん》も経験《けいけん》したことでした。心に重《おも》いものがつかえていると、人は食べられないのです。

けれど、お茶をすすり、出されたお料理《りょうり》を食べているうちに、みんな、自分のことを話し始《はじ》めます。

(心をこめてつくったお料理《りょうり》には、人の心を開《ひら》く力がある)

しみじみとそう思う日々《ひび》でした。


そうするうちに、初女《はつめ》さんをたずねてやってくる人はますますふえ、自宅《じたく》でもある弘前《ひろさき》イスキアが、せまく感《かん》じられるようになりました。

一階《いっかい》は台所《だいどころ》と、食事《しょくじ》の場。話をしたい人は二階《にかい》にあがってもらうのですが、ほんの数人しか入れません。

（もう少し広ければ、もっとたくさんの人を受《う》け入れられるのに）

初女《はつめ》さんは、窓《まど》から岩木山《いわきさん》をながめては、そんなことを考えていました。

（あの山のどこかに、イスキアができたらいいのになあ）

岩木山《いわきさん》はすがたがやさしく、弘前《ひろさき》の町全体《ぜんたい》がその広いすそ野に包《つつ》まれているような地形になっています。地域《ちいき》の人々《ひとびと》は、岩木山《いわきさん》のことを津軽富士《つがるふじ》といい、また、親しみをこめて、「母なる山」とよんできました。

その自然《しぜん》のなかに、みんなが集《つど》い、安《やす》らげる場所《ばしょ》を持《も》てたら――そんな思いは日に日に強くなりますが、それをかなえるには、大金が必要《ひつよう》です。でも、奉仕《ほうし》の精神《せいしん》をつらぬく初女《はつめ》さんに、そんなお金はありません。

ところがあるとき、思いがけない申《もう》し出がありました。

「このお金で、土地を購入《こうにゅう》してください」

親しい友人の両親《りょうしん》が、そういって寄付《きふ》をしてくれたのです。それからも、応援《おうえん》してくれる人たちの輪《わ》は、どんどん広がっていきました。

「建物《たてもの》を建《た》てるために、役立《やくだ》ててください」

「重《おも》いものを運《はこ》ぶときは、車を出しますよ」

「できることがあれば、お手伝《てつだ》いさせてください」

そんなふうに、初女《はつめ》さんに助《たす》けられた人たちが寄付《きふ》や協力《きょうりょく》を申《もう》し出て、トントン拍子《びょうし》に話が進《すす》んでいきます。

（まさか、ほんとうのことになるなんて……。神《かみ》さまが奇跡《きせき》を起《お》こしてくださったんだわ）

初女《はつめ》さんは、おどろくばかりでした。


そして一九九二年十月十八日、初女《はつめ》さん七十一歳《さい》のとき。岩木山《いわきさん》のふもと、標高《ひょうこう》四百メートルの湯段温泉《ゆだんおんせん》の地に、山荘風《さんそうふう》の建物《たてもの》「森のイスキア」が完成《かんせい》しました。

弘前《ひろさき》の人々《ひとびと》の母なる山、岩木山《いわきさん》

建物《たてもの》の一階《いっかい》には広いリビングダイニングとキッチン、二階《にかい》には八畳《はちじょう》ほどの部屋《へや》が三つあって、遠方から来た人たちはここに泊《と》まることができます。

そして、温泉《おんせん》が引かれたりっぱなお風呂《ふろ》は、初女《はつめ》さんのおむすびを食べて自殺《じさつ》を思いとどまった人の寄付《きふ》でつくられたものでした。

それだけではありません。森のイスキアを続《つづ》けていくために、そうじや片《かた》づけ、電話の応対《おうたい》などは、

「わたしもお手伝《てつだ》いします」

と申《もう》し出てくれた十人近くのボランティアスタッフが動《うご》いてくれます。

みんなが集《つど》い、安《やす》らげる場所《ばしょ》として、岩木山《いわきさん》のふもとに完成《かんせい》した森のイスキア

もちろん、これまでより多くの人を受《う》け入れるので、初女《はつめ》さんはいっそういそがしくなりそうです。

「これなら、たずねてくださったみなさんに、ゆっくりくつろいでいただけますね」

初女《はつめ》さんはそういって、森の空気を胸《むね》いっぱいにすいました。

(これからはここを中心に、しっかりと活動《かつどう》していこう)

見上げると、広い空がまぶしいほどかがやいています。そして、あふれるような木々《きぎ》の緑《みどり》、たくさんの笑顔《えがお》……。

(ああ、なんて幸《しあわ》せなこと)

初女《はつめ》さんは、この日を祝《いわ》うために集《あつ》まった百六十人もの人たちを前にして、深々《ふかぶか》と頭を下げました。

「みなさん、ほんとうにありがとうございます」

5　森のイスキアで

東北に、おそい春がやってきました。

森のイスキアは、冬には三メートルもの雪におおわれてしまうので、初女《はつめ》さんはそのあいだ、自宅《じたく》でもある弘前《ひろさき》イスキアにいて、春のおとずれとともに、森のイスキアでの活動《かつどう》を始《はじ》めます。

春が大好《だいす》きな初女《はつめ》さんは、雪が消《き》えた大地から最初《さいしょ》に顔を出すフキノトウもまた大好《だいす》きでした。

フキノトウには、いのちのエネルギーがあふれていると思うからです。

「まあ、たくさん顔を出しているわ」

雪ののこる裏庭《うらにわ》で、小さなカゴを持《も》ってフキノトウのツボミを採《と》り始《はじ》めると、つい夢中《むちゅう》になって、カゴはあっという間にいっぱいになりました。

ていねいに洗《あら》ってから、まずは、お味噌《みそ》と合わせたフキ味噌《みそ》をつくり、お昼ごはんのときには、フキノトウそのままをてんぷらにして、あげたてを出すつもりです。

「こんにちはー」

「よろしくお願《ねが》いします」

森のイスキアに、今日もたくさんの人がやってきました。

おとずれた人たちは、みんなイスキアの家族《かぞく》の一員《いちいん》。リビングダイニングには、おたがいの顔が見える大きな丸い食卓《しょくたく》があって、ノリでくるまれた丸いおむすびはもちろん、さまざまな手料理《てりょうり》がならびます。

ニンジンの白和《しらあ》え、サトイモの煮《に》ころがし、焼《や》き魚、フキ味噌《みそ》、そしてフキノトウのてんぷら……。

じつは、初女《はつめ》さんは、そのほとんどの下ごしらえを、前の夜に弘前《ひろさき》の自宅《じたく》ですませていました。

（ああ、いそがしい）

（間に合うかしら）

そんなそわそわした心でお料理《りょうり》をつくると、それなりの味《あじ》になってしまう。そう考えているからです。

だから、寝《ね》る時間をへらしてでも、ていねいに野菜《やさい》の皮《かわ》をむき、ゆっくりと煮《に》て、当日は、そこに少し手を加《くわ》えるだけでいいように、下ごしらえをしておくのです。

そうしてできあがったお料理《りょうり》をお皿《さら》にもって、スタッフといっしょに丸い食卓《しょくたく》にならべると、おとずれた人たちの顔が、いっせいにほころびました。

（うわあ、おいしそう）

そんな声が聞こえてきそうです。

「さあ、いただきましょうね。なるべくおいしくいただきましょうね」

初女《はつめ》さんがそういうと、みんな、両手《りょうて》のひらを合わせて、小さく頭を下げました。

「いただきます」

静《しず》かな森のなかに、鳥の声がひびいています。

そんなある日、森のイスキアに、沖縄《おきなわ》から若《わか》い女の人がやってきました。

じつは彼女《かのじょ》は大きな病気《びょうき》にかかっていて、それでも初女《はつめ》さんに会いたいと、飛行《ひこう》機《き》に乗《の》って、はるばるたずねてきたのです。

さすがに、着《つ》いたときにはひどくつかれているようすで、やっとここまでたどり着《つ》いたという印象《いんしょう》でした。まゆ根《ね》を寄《よ》せたままで、笑顔《えがお》はありません。

「遠いのに、よく来たね」

初女《はつめ》さんが両手《りょうて》でだきしめると、その体は、ずっと、こきざみにふるえていました。ろうかを歩くときも歩きにくそうで、それは、病気《びょうき》のせいで視力《しりょく》が落《お》ちているからだといいます。

食卓《しょくたく》についても、弱々《よわよわ》しい声で、「わたし、まったく食欲《しょくよく》がなくて」と、お茶を飲《の》む元気もありません。

けれど、初女《はつめ》さんがお料理《りょうり》をとって、「どうぞ」とさし出すと、その人はおはしをにぎって、ゆっくりと食べ始《はじ》めました。

そしてよく朝、ふしぎなほどに、その人はおだやかな顔になっていました。しかも体のふるえがなくなったといいます。

「きっと元気になります。ありがとうございました！」

その人は、明るい笑顔《えがお》で帰っていきました。

あるときには、森のイスキアを、レストランだと思って入ってきたおじさんがいました。

そして、初女《はつめ》さんに、いきなり、

「ばあちゃん、ビール！」

と、注文《ちゅうもん》したのです。

その場にいたスタッフも、食事《しょくじ》をしていた人たちも、一瞬《いっしゅん》目を見張《みは》り、息《いき》を止めました。

みんなが尊敬《そんけい》し、先生とよんでいる初女《はつめ》さんに、なんていい方を……。

けれど、初女《はつめ》さんはいつもと変《か》わらないようすで冷蔵庫《れいぞうこ》からビールを出しました。

「暑《あつ》いもんねえ」

コップにビールを注《つ》ぎ、そのおじさんといっしょに飲《の》みながら、楽しく語らっています。

ふたりは何を話したのでしょう。

おじさんは最後《さいご》に深々《ふかぶか》と頭を下げ、「ほんとうにお世話《せわ》になりました」といって、出ていきました。

森のイスキアにやってきた子どもたちは、最初《さいしょ》は緊張《きんちょう》しているようでした。なにしろ、ここにはテレビもゲームもありません。どうやって時間をすごしたらいいのかわからないようすに、スタッフが声をかけました。

「外に出てみる？」

すると、たいていの子は、

「いいの？」

といって、スタッフといっしょに森に遊《あそ》びに出かけます。

森にはアケビやクワの実《み》がなっていて、スタッフがそれをつんで食べてみせると、子どももまねて、そっと口に運《はこ》びました。

「すっぱくないね」

ある子は、イスキアの庭《にわ》にある大きな石の上に乗《の》り、ぺたりとだきついて、いいました。

「石って、あったかいね」

わきを流《なが》れる用水路《ようすいろ》に、くつしたをはいたまま入ってはしゃいだ子もいました。

オニヤンマを手でとった子もいました。

ここでは何をしても、ダメといわれません。

子どもたちはだんだんエスカレートして、上半身《じょうはんしん》はだかになったり、どろんこのなかに入っていったり――。

それを見たスタッフは、つい笑《わら》ってしまいます。

「あらあら、野生に帰っちゃったね」

森のイスキアにはいろんな人がやってきて、それぞれに思い出をつくり、そしてまた、ふだんの生活にもどっていくのです。


一九九四年三月のこと。

ふたりの男性《だんせい》が初女《はつめ》さんに会いに、弘前《ひろさき》イスキアにやってきました。

ひとりは映画監督《えいがかんとく》の龍村仁《たつむらじん》さん、もうひとりはその助監督《じょかんとく》です。

龍村《たつむら》監督《かんとく》は、ドキュメンタリー映画《えいが》『地球交響曲第一番《ガイアシンフォニーだいいちばん》』を完成《かんせい》させたあと、第《だい》二番《にばん》を撮《と》るにあたって、ある本で、初女《はつめ》さんのおむすびを食べて自殺《じさつ》を思いとどまった青年がいると知り、初女《はつめ》さんをたずねてきたのでした。

すぐ森のイスキアに案内《あんない》し、そこで二時間ほど話をするうちに、初女《はつめ》さんは、

「ぜひ、お手伝《てつだ》いしたい」

そんな気持《きも》ちになりました。

だから、だれに意見《いけん》を聞くこともなく、その日のうちに出演《しゅつえん》することを決《き》めたのです。

でも、出演《しゅつえん》するといっても、何をしたらいいのでしょう。

「ふだんどおりでかまいません。日ごろのそのままを撮《と》っていきます」

それが監督《かんとく》の答えでした。

森のイスキアでの撮影《さつえい》がスタートしたのは、それから一週間後、四月に入って間

もないころでした。

その最初《さいしょ》の日、初女《はつめ》さんは雪ののこる裏庭《うらにわ》に出て、フキノトウを探《さが》し始《はじ》めました。

(監督《かんとく》や撮影《さつえい》スタッフのみなさんに、春の香《かお》りに満《み》ちた、ほろにがいフキノトウを食べていただこう)

あたりに落《お》ちていた枯《か》れ枝《えだ》を手にし、フキノトウが傷《きず》つかないように、そろそろと、まわりの雪を取《と》りのぞいていきます。

シャカ、シャカ、シャカ。

雪の結晶《けっしょう》が、太陽《たいよう》の光をあびてキラキラとかがやいて、そうするうちに、フキノトウの黄緑色《きみどりいろ》が、ちょこっと顔を出しました。

十分ほどそれをくり返《かえ》し、フキノトウの全体《ぜんたい》が雪の下から現《あらわ》れたとき、初女《はつめ》さんは根《ね》もとからそっと採《と》って、手のひらにのせました。

そんなシーンから始《はじ》まった映画《えいが》には、クルミの実《み》をすりつぶしたり、おむすびをむすぶ、初女《はつめ》さんのふだんどおりのすがたが映《うつ》し出されていました。

ただ、そのころの初女《はつめ》さんは、おむすびがあまり得意《とくい》ではありませんでした。ガチガチににぎって、「食べにくい！」と、しんせきの小学生にもんくをいわれたこともありました。だからといって、力を入れずにつくると、今度《こんど》はくずれやすくて、どうしてもおいしくにぎれなかったのです。

でも、撮影《さつえい》にいそがしく動《うご》き回っている人たちが手早く食べるには、おむすびがいちばんいいと思った初女《はつめ》さんは、心をこめて、おむすびをていねいにむすびました。

ぽってりと丸いおむすびを、四角に切ったノリで上からと下からはさみ、ノリの角と角を合わせると、初女《はつめ》さん特有《とくゆう》の、真《ま》っ黒なおむすびのでき

ぽってりと丸くて黒い初女《はつめ》さんのおむすび

あがりです。

でも、どうして丸い形なのでしょう。それをたずねられると、初女《はつめ》さんはにっこり笑《わら》いました。

「わたしね、三角や、たわら型《がた》のおむすびが、じょうずにむすべないの」

そうして撮影《さつえい》は順調《じゅんちょう》に進《すす》み、イスキアに初夏《しょか》がやってきました。すずやかな風がふく六月のある日、初女《はつめ》さんは朝から、わくわくしていました。

「鐘《かね》のお祝《いわ》いができるなんて、夢《ゆめ》のようだわ」

じつは、その前年、森のイスキアを囲《かこ》む木々《きぎ》が葉《は》を落《お》とし始《はじ》めた十一月十一日に、願《ねが》ってもないおくりものが海を越《こ》えて届《とど》きました。

それは重《おも》さが二十キログラムもある、青銅《せいどう》でできた鐘《かね》。

一八一〇年につくられたというその鐘《かね》には、一面《いちめん》に野の花のもようがちりばめられ、マリア像《ぞう》がきざまれていました。

レジナ・ラウディス修道院《しゅうどういん》からおくられた青銅《せいどう》の鐘《かね》

五歳《さい》のころに教会の鐘《かね》の音を聞いて以来《いらい》、初女《はつめ》さんには鐘《かね》にかくべつの思いがありました。だから森のイスキアができたとき、「ここで鐘《かね》を鳴らせたら……」と思ったのです。

そこで、新しい鐘《かね》をつくろうと動《うご》き始《はじ》めたとき、ある人が、

「新しくつくるのではなく、古い教会などで使《つか》われていない鐘《かね》を使《つか》うほうがイスキアには似合《にあ》うのではないでしょうか」

という意見《いけん》をくれました。なるほどと思って、あちこちに問《と》い合わせるうちに、縁《えん》があって、アメリカのコネチカット州《しゅう》にある、レジナ・ラウディス修道院《しゅうどういん》から鐘《かね》が送《おく》られてきたのでした。

森のイスキアの玄関《げんかん》の上、三角形の屋根《やね》の下に、その鐘《かね》が無事《ぶじ》に取《と》りつけられて、今日は、そのお祝《いわ》いの日。

ふだんは二階《にかい》の窓《まど》からチェーンを引くようになっていますが、特別《とくべつ》に鐘《かね》から長いひもがたらされ、その下に立つ初女《はつめ》さんが、ゆっくりとひもを引きます。

カーン、カーン、カーン。

その音は空のかなたにひびきわたり、お祝《いわ》いに集《あつ》まった人たちの心のなかにもしみていきました。

もちろん、だれよりも感動《かんどう》していたのは、初女《はつめ》さん自身《じしん》です。

森のイスキアで、八か月の撮影《さつえい》を終《お》えたのち完成《かんせい》した『地球交響曲第二番《ガイアシンフォニーだいにばん》』には、出演者《しゅつえんしゃ》として、ノーベル平和賞受賞者《へいわしょうじゅしょうしゃ》のダライ・ラマ十四世《じゅうよんせい》、天文学者《てんもんがくしゃ》のフランク・ドレイク、フリーダイバーで、イルカと人間の共存《きょうそん》を訴《うった》えたジャック・マイヨールとともに、初女《はつめ》さんが「日本のすてきなおばあちゃん、日本の女性《じょせい》の生活の中の叡智《えいち》」として、名を連《つら》ねていました。

スクリーンに映《うつ》る初女《はつめ》さんの日常《にちじょう》には、すべてのいのちをいつくしむ心があふれて、それは言葉《ことば》や風習《ふうしゅう》、文化《ぶんか》を超《こ》えて、観《み》る人の心を温《あたた》かいものでいっぱいにしました。

そしてラストシーンは、にこやかにほほえむ初女《はつめ》さんが、二階《にかい》の窓《まど》から身《み》を乗《の》り出して鐘《かね》を鳴らすすがた。そこに、

「その鐘《かね》を打《う》つのはだれでもない。あなたですよ」

という意味《いみ》の字幕《じまく》が浮《う》かびあがって、上映《じょうえい》会場は、大きな拍手《はくしゅ》に包《つつ》まれたのです。

この映画《えいが》は、世界中《せかいじゅう》で高く評価《ひょうか》され、それまで無名《むめい》だった「佐藤初女《さとうはつめ》」という名は、そのおむすびとともに、日本はもとより海外にも知れわたったのでした。

6　いのちの移《うつ》しかえ

森のイスキアをたずねてくる人たちのために、今日も初女《はつめ》さんは台所《だいどころ》に立ちました。

「代《か》わりばえしないメニューだけど、わたしのキュウリもみは、おばあちゃんからお母さん、そしてわたしへと受《う》けつがれてきたものだから」

そういって緑《みどり》あざやかなキュウリを手にし、まな板《いた》の上にそっと置《お》きます。

コトン、コトン、コトン。

ゆっくりしたリズムでひびく包丁《ほうちょう》の音。

たずねてきた人は知らず知らずその音に引き寄《よ》せられて、初女《はつめ》さんの背中《せなか》ごしに、それを見つめます。

泊《と》まっている人は二階《にかい》に部屋《へや》がありますが、だれも部屋《へや》にこもっていません。温《あたた》かいゆげ、料理《りょうり》する音、その香《かお》り、それだけでもうイスキアの台所《だいどころ》は幸《しあわ》せな空間になっていました。

初《はつ》女《め》さんとスタッフが、いろいろな手料理《てりょうり》を食卓《しょくたく》にならべていきます。

「みんなでおいしくいただきましょう」

初《はつ》女《め》さんのひと言で、みんなが手を合わせました。

「いただきます」

いうまでもありませんが、初《はつ》女《め》さんはお料理《りょうり》が大好《だいす》きでした。

そうでなければ、何十年ものあいだ、次々《つぎつぎ》とたずねてくる人たちを手料理《てりょうり》でもてなすことなどできなかったでしょう。

初《はつ》女《め》さん自身《じしん》も、「料理《りょうり》は好《す》きだけど、そうじはダメ」と語っています。

好《す》きだからこそ、食材《しょくざい》ひとつひとつのいのちを、少しでもおいしくいただけるように、そのためには、どんなふうに料理《りょうり》をすればいいのか――初女《はつめ》さんは、いつもそれを考えていました。

だから、お料理《りょうり》には好奇心《こうきしん》がいっぱいです。

たとえば、神戸《こうべ》でお好《この》み焼《や》きを食べに行ったときのこと。

初女《はつめ》さんの席《せき》からは、お好《この》み焼《や》きの材料《ざいりょう》が入ったボウルを、店員《てんいん》がカシャカシャとかきまぜるようすが見えました。

中身《なかみ》を宙《ちゅう》に浮《う》かせて、それはそれは、すごいはやさです。

初女《はつめ》さんは首をのばし、真剣《しんけん》にそれを見つめてつぶやきました。

「あんなふうにまぜたら、おいしくできるのかしらねえ」

お料理《りょうり》に使《つか》う葉《は》をさがす初女《はつめ》さん

それはどんなお店に入っても同じでした。少しでもおいしく料理《りょうり》するために、吸収《きゅうしゅう》できるものがないか、厨房《ちゅうぼう》のなかを興味深《きょうみぶか》くのぞいていたのです。

また、出されたお料理《りょうり》で初《はじ》めてのものがあると、必《かなら》ずお店の人にたずねました。

「これは、どうやってつくるのかしら?」

そして、お店の人から説明《せつめい》を聞くと、「そうなの。今度《こんど》やってみよう」といって、ほんとうにつくってみるのです。

食に対《たい》する好奇心《こうきしん》や研究熱心《けんきゅうねっしん》なところは、お味噌《みそ》をつくる、梅干《うめぼ》しをつくる、ニンジンの白和《しらあ》えをつくる、そんな日常《にちじょう》のなかの料理《りょうり》の工夫《くふう》にもつながっていました。

ニンジンは、いつも拍子木《ひょうしぎ》切り（四角い棒《ぼう》の形に切ること）でしたが、ある人が乱《らん》切《ぎ》り（形をそろえずに切ること）にしたときには、

「このほうがいいかもしれないね」

と自分もやってみて、どちらの切り方のほうが味《あじ》がよくしみこむか、試《ため》していました。また、ぬか床《どこ》にヨーグルトやビールを入れたりして、よりおいしいぬか漬《づ》け

をつくるために、実験《じっけん》を重《かさ》ねていました。

「昨日《きのう》と同じ今日はいや。毎日、ささやかでもいいから、一歩前に進《すす》みたい」

初女《はつめ》さんは、生き方はもちろん、料理《りょうり》に対《たい》してもそう考えていたのです。


ところで、初女《はつめ》さんが全国《ぜんこく》を飛《と》びまわって伝《つた》えようとしていたことのなかに、

「食べもののいのちが、わたしたちのいのちにつながる」

という大きなテーマがありました。

初女《はつめ》さんは、こう語ります。

「食材《しょくざい》には、すべていのちが宿《やど》っていて、食べるということは、そのいのちをいただくことです。料理《りょうり》は、食べもののいのちをうばうのではなく、食べることで、食べたわたしたちが、そのいのちとともに生きるのです。食は『いのちの移《うつ》しかえ』です」

実際《じっさい》に、初女《はつめ》さんは食材《しょくざい》にいのちがあると考えて、そのいのちを大切に料理《りょうり》して

いました。

たとえば、ニンジンの皮《かわ》をむくときは、ピーラーを使《つか》わず、包丁《ほうちょう》でゆっくりと、うすくうすくむいていきます。

「ピーラーでむいたら、ニンジンが痛《いた》いんじゃないかと思って」

野菜《やさい》を洗《あら》ったら、まるでお風呂《ふろ》あがりのあかちゃんのように、そっとタオルにくるんで水気を取《と》ります。

お米もゴシゴシといだりしません。細く流《なが》れる水で、ひとつぶひとつぶをやさしく洗《あら》います。

さらに、初女《はつめ》さんは、「いのちの移《うつ》しかえ」が目に見える瞬間《しゅんかん》があるといいます。

たとえば、ホウレンソウを湯《ゆ》がくために、ふっとうしたお湯《ゆ》のなかに入れると、一瞬《いっしゅん》、緑色《みどりいろ》が鮮《あざ》やかにかがやいて、茎《くき》がすきとおります。

キャベツやゴボウをいためていても、素材《そざい》がすきとおる瞬間《しゅんかん》があります。

その一瞬《いっしゅん》は、野菜《やさい》のいのちが食べる人のいのちとひとつになるために、生まれ変《か》わる瞬間《しゅんかん》。そのときすぐに火を止めて味《あじ》をつけると、とてもおいしく仕上《しあ》がるというのです。

だから、その一瞬《いっしゅん》を見逃《みのが》さないように、初女《はつめ》さんはなべのなかをじっと見つめて、ひとときも目をはなしません。

いのちの移《うつ》しかえは、大切な瞬間《しゅんかん》。せっかくの野菜《やさい》のいのちをむだにしないように心をかけ、時間をかけているのです。

7 悲《かな》しみを乗《の》り越《こ》えて

二〇〇二年六月三日、初女《はつめ》さんが八十歳《さい》のとき、息子《むすこ》の芳信《よしのぶ》さんが、五十五歳《さい》という若《わか》さで、亡《な》くなりました。

その日のことを、初女《はつめ》さんはその著書《ちょしょ》『いのちの森の台所《だいどころ》』（集英社《しゅうえいしゃ》）にこう書いています。

「さわやかな風が初夏《しょか》を運《はこ》び、森のイスキアから自宅《じたく》へ帰る道々《みちみち》、十年あまりも続《つづ》いていることなのに、この日ほど新緑《しんりょく》が美《うつく》しく映《うつ》る日はありませんでした。（中略《ちゅうりゃく》）次《つぎ》の予定《よてい》の打《う》ち合わせを済《す》ませ、散会《さんかい》しようとした矢先のこと。救急車《きゅうきゅうしゃ》の音が聞こえてきたんです。どこかお家《うち》を探《さが》しているんだね、とみんなで話していたところに、息子《むすこ》の妻《つま》から訃報《ふほう》が入って、それが我《わ》が子との別《わか》れでした。

そのときは、受話器《じゅわき》を持《も》ってそこに立ちすくみました」

初女《はつめ》さんは、夫の又一《またいち》さんも母親のときさんも、最期《さいご》のそのときまでそばにいて、手をにぎって見送《みおく》りました。

なのに、自分よりはるかに若《わか》い芳信《よしのぶ》さんが思いがけずとつぜん亡《な》くなり、そばについて世話《せわ》をすることも、見送《みおく》ることもできなかったのです。その悲《かな》しみは、どれほど大きかったことでしょう。

けれど初女《はつめ》さんは葬儀《そうぎ》のとき、なみだをこらえ、ひと言ひと言をかみしめるようにこういいました。

「亡《な》くなったことをいつまでも悲《かな》しんでいるのではなく、息子《むすこ》が生前、わたしに望《のぞ》んでいたように生きることで、息子《むすこ》の死《し》が生かされることになります」

それは、これからの自分の生き方に対《たい》する強い決意《けつい》でもありました。

じつは、初女《はつめ》さんは三か月後の九月に、イタリアにあるイスキア島《とう》への、二度目《にどめ》の旅《たび》が決《き》まっていました。

イスキア島《とう》は、自分の活動《かつどう》の場を「弘前《ひろさき》イスキア」「森のイスキア」と名づけたほど、思い入れが強い場所《ばしょ》です。

そして、言い伝《つた》えに出てくる青年が、なやみ、考え、元気になったのは島《しま》のどのあたりなのかを、ずっと知りたいと思っていたのです。

だから四年前にその島《しま》をおとずれたとき、いっしょに行った人たちとその場所《ばしょ》を探《さが》したのですが、結局《けっきょく》わからないまま帰国したのでした。

そこで、今度《こんど》行ったときには徹底的《てっていてき》に調《しら》べようと、九月に予定《よてい》を組んでいたのです。

でも、六月に息子《むすこ》の芳信《よしのぶ》さんがとつぜん亡《な》くなって、メンバーからは延期《えんき》の声があがりました。

「少し落《お》ち着《つ》かれてからにしましょう」

「つらいときなのに、むりに行かれないほうが」

みんなが気づかうなかで、初女《はつめ》さんはきっぱりといいました。

「わたしは行きます。芳信《よしのぶ》はわたしの性格《せいかく》をよく知ってくれていました。予定《よてい》を変《か》えたりしたら、悲《かな》しむと思います」


そうして九月、初女《はつめ》さんたちはイスキア島《とう》へと出発《しゅっぱつ》しました。

ふたたびおとずれたイスキア島《とう》では、むかし、岩をくりぬいて造《つく》られたという修《しゅう》道院《どういん》が、質素《しっそ》なホテルになっていました。近くに教会もありましたが、今では廃墟《はいきょ》と化《か》しています。

初女《はつめ》さんは、青年がどこに行って元気になったのか、その場所《ばしょ》を探《さが》すために、修《しゅう》道院《どういん》だったホテルのなかをあちこち歩きまわりました。

そして、ちょうど窓《まど》からお月さまが見える場所《ばしょ》を見つけたのです。

「たぶん、ここでしょう」

そういって腰《こし》をおろし、空に浮《う》かぶ美《うつく》しい月を、やさしいまなざしで見上げます。

初女《はつめ》さんはその長い人生のなかで、人のなやみや苦《くる》しみを聞いてきました。けれど自分のそれを人にいうことはありませんでした。

弟の神三男《じんみつお》さんも、初女《はつめ》さんのことを、「ひとりでいろいろ考える人」と表現《ひょうげん》しています。

だからそのときも、その場でひとり、芳信《よしのぶ》さんのことを思いながら月を見て、いろいろなことを考えていたのでしょう。

伝承《でんしょう》の青年のように、生き生きと生きる自分を取《と》りもどし、森のイスキアに帰るために――。

芳信《よしのぶ》さんが亡《な》くなったあと、初女《はつめ》さんはひと月休んだだけで、それまで以上《いじょう》にいそがしく働《はたら》きました。

朝五時ごろには起《お》きて、森のイスキアをおとずれる人たちのために料理《りょうり》をし、それぞれの話を聞き、夜にはあしたの献立《こんだて》を考えて、あともう一品《ひとしな》、二品《ふたしな》、あったほうがいいと思ったら、自宅《じたく》に帰ってからつくります。

寝《ね》るのは午前一時、二時。そのころすでに八十歳《さい》を越《こ》えていましたが、睡眠《すいみん》時間は三〜四時間で、そのうえ、年間八十回もの講演《こうえん》をこなしていました。

そのすがたを見た人は、

(あれだけ寝《ね》なくても、人って生きられるものなんだな)

と思うほど、ハードな毎日です。

まわりの人たちは、仕事《しごと》のしすぎだと心配《しんぱい》し、引き止めることもありました。それでも初女《はつめ》さんは、

「人のために働《はたら》くこと、それが神《かみ》さまと芳信《よしのぶ》が望《のぞ》んでいることだから」

といって、休むことはありません。

もちろん、くり返《かえ》す日常《にちじょう》のなかでも、悲《かな》しいことや、つらいこと、なやむことはいろいろとありました。

そんなとき、初女《はつめ》さんはまず手を動《うご》かしました。

料理《りょうり》をしたり、ミシンをかけたり、手紙の返事《へんじ》を書いたり、著書《ちょしょ》にサインするとき書き入れる「母」という字を練習《れんしゅう》したり……。

そうすれば、手に意識《いしき》が向《む》けられて、なやみや苦《くる》しみが弱くなり、くり返《かえ》すうちに消《き》えてしまうからです。

「苦《くる》しいときはとどまらず、動《うご》きなさい」

初女《はつめ》さんは、よくそういいました。それは、自分が体験《たいけん》したからこその、たしかなアドバイスだったのです。

8 小さな森

話は前後しますが、森のイスキアができたとき、そのうらには、うっそうとした杉林《すぎばやし》がありました。

初女《はつめ》さんは日ごろから、

「あの土地にもしも建物《たてもの》が建《た》ったなら、今のイスキアの雰囲気《ふんいき》が変《か》わってしまいますね」

と気にかけていて、雑誌《ざっし》のインタビューでも、将来《しょうらい》の夢《ゆめ》を語るなかに、その林のことがちらほらと出ていました。

（イスキアの周辺《しゅうへん》が自然豊《しぜんゆた》かなままであってほしい）

（あそこにベンチを置《お》いて、みんなが集《つど》える場所《ばしょ》にしたい）

（遊歩道《ゆうほどう》をつけることができたら）

けれど、そこは別《べつ》の人が持《も》っている土地。実際《じっさい》には、そこを購入《こうにゅう》することなど、とうていむりな話でした。

ところが、そんなときに、

「親がのこしてくれたお金です。何かの役《やく》に立ててください」

そういって寄付《きふ》をしてくれる人が何人か現《あらわ》れ、初女《はつめ》さんは、思いがけずその土地を手に入れることができました。

その土地に、「小さな森」と名をつけたのは、芳信《よしのぶ》さんでした。

けれど、初女《はつめ》さんにはその小さな森を手入れする時間もないし、人にたのむお金もありません。

そうこうするうちに芳信《よしのぶ》さんが亡《な》くなって、小さな森は手つかずのままになっていました。

（人が手を入れて、風と太陽《たいよう》が地面《じめん》に届《とど》くようにすれば、自然《しぜん》の植生《しょくせい》がよみがえるのだけれど……）

初女《はつめ》さんのそんな思いを実現《じつげん》しようと、最初《さいしょ》に動《うご》き始《はじ》めたのは吉田俊雄《よしだとしお》・紀美子《きみこ》夫妻《ふさい》でした。

ふたりが、初《はじ》めて森のイスキアをおとずれたのは一九九九年五月のことでした。その半年前、夫妻《ふさい》は大学四年生の息子《むすこ》、健《けん》さんをとつぜんに亡《な》くしていました。健《けん》さんはぜんそくの発作《ほっさ》でたおれ、意識不明《いしきふめい》のまま、三週間後に息《いき》を引きとったのです。

イスキアをおとずれると決《き》めたのは、健《けん》さんが亡《な》くなる前でしたが、結果的《けっかてき》には、亡《な》くなってしまったあとに初女《はつめ》さんをたずねることになったのでした。

美《うつく》しい新緑《しんりょく》に囲《かこ》まれた森のイスキアへの旅《たび》は、ふたりにとって、人生でいちばんつらく、悲《かな》しい旅《たび》になりました。

そんなときに初女《はつめ》さんに出会った夫妻《ふさい》は、

「観音《かんのん》さまがいるとしたら、こんな方なのだろうか」

と思いました。

早すぎる息子《むすこ》の死《し》に苦《くる》しむ夫妻《ふさい》に、初女《はつめ》さんは静《しず》かによりそい、ていねいなもてなしで、その苦《くる》しみを受《う》け止めてくれました。

そして、こう声をかけてくれたのです。

「大切なものをなくされましたが、きっと大きなものが与《あた》えられますよ」

俊雄《としお》さんは、ドキリとしました。

（意識不明《いしきふめい》になった健《けん》が、わたしに何か伝《つた》えようとしていた。

そのメッセージを受《う》け止めて生きていきたい。

健《けん》は何を伝《つた》えたかったのだろう……）

そればかりを考えていたからです。

ただ、そのメッセージは目には見えません。耳で聞くこともできません。考えても考えても、答えは出ないままでした。

（初女《はつめ》先生のおっしゃった大きなものとは、息子《むすこ》からのメッセージにちがいない）

吉田夫妻《よしだふさい》はそれから何度《なんど》もイスキアをたずね、講演会《こうえんかい》のお供《とも》もして、そうするうちに、今度《こんど》は初女《はつめ》さんが芳信《よしのぶ》さんを失《うしな》いました。

そのとき、彼女《かのじょ》は悲《かな》しみをこらえて、こういったのです。

「亡《な》くなった人が望《のぞ》んだように生きることが、なぐさめにもなるし、希望《きぼう》にもつながります」

それを聞いて、俊雄《としお》さんの胸《むね》はふるえました。

(亡《な》くなった人が望《のぞ》んだように生きる――

それこそが、亡《な》くなった人からのメッセージにちがいない。

健《けん》は、わたしにどんな生き方を望《のぞ》んでいるのだろう)

そういえば、健《けん》さんが小学五年生のときに書いた、たくさんの詩《し》のなかに、こんな詩《し》がありました。

ぼくの心

吉田健《よしだけん》

ぼくの心、それは
海。
でも海より空の方が大きい。
空よりも宇宙《うちゅう》の方が大きい。
もっと大きくなれる。
ぼくの心、それは、
光。
光は、7つに分かれる。
いや、もっとたくさんに分かれる。
ぼくも、光のようにたくさんの考えをもち、光のようにたくさんのことを知る。
ぼくの心
それは――、
大きく成長《せいちょう》する心。

（大きく成長《せいちょう》する心……。そうか！）

この詩《し》に表現《ひょうげん》された健《けん》さんの思いと、初女《はつめ》さんの言葉《ことば》がひとつになりました。

（これが、もっともっと生きていてほしかった息子《むすこ》のメッセージなんだ。初女《はつめ》先生のいうように、悲《かな》しみにひたるばかりでなく、息子《むすこ》の思いをしっかりと受《う》け止めて生きていこう。初女《はつめ》先生のように、出会う人それぞれの気持《きも》ちを大切に思う生き方をしよう。わたしたちの心も大きく成長《せいちょう》させていただくという気持《きも》ちで……）

それからというもの、吉田夫妻《よしだふさい》は初女《はつめ》さんのことを多くの人に知ってほしいと、『地球交響曲第二番《ガイアシンフォニーだいにばん》』の上映会《じょうえいかい》や、初女《はつめ》さんの講演会《こうえんかい》を企画《きかく》するようになりました。

そして二〇〇三年八月のある日、夫妻《ふさい》が企画《きかく》した講演会《こうえんかい》で話を終《お》えた初女《はつめ》さんが、紀美子《きみこ》さんに、ぽつりとつぶやいたのです。

「わたしね、小さな森が気になっているの」

紀美子《きみこ》さんからそれを聞いた俊雄《としお》さんは、建築家《けんちくか》の藤木隆男《ふじきたかお》さんのことを思い出しました。

九か月前、夫妻《ふさい》は初女《はつめ》さんにすすめられて、児童養護施設《じどうようごしせつ》の東京《とうきょう》サレジオ学園を見学に行き、その建物《たてもの》を設計《せっけい》した藤木《ふじき》さんに出会ったのです。

そのとき俊雄《としお》さんは、自然《しぜん》と建物《たてもの》がみごとに調和《ちょうわ》した、藤木《ふじき》さんの設計《せっけい》に胸《むね》を打《う》たれ、偶然《ぐうぜん》にも、小さな森のことを思い浮《う》かべていたのでした。

藤木《ふじき》さんと小さな森……今、何か縁《えん》があるような気がします。

（そうだ。藤木《ふじき》先生に、森のイスキアへ来ていただいて、何かアイデアをいただけないだろうか。そうすれば、小さな森の方向《ほうこう》が見えてくるかもしれない）

俊雄《としお》さんは、藤木《ふじき》さんと初女《はつめ》さんは親しい知り合いだと思いこんでいました。だからすぐに藤木《ふじき》さんに電話をかけたのです。

ところが藤木《ふじき》さんは、

「わたしは初女《はつめ》さんの出られた映画《えいが》を見ていないし、初女《はつめ》さんにお目にかかったことがないのですよ」

といいます。

（えっ！）

おどろく俊雄《としお》さんに、藤木《ふじき》さんはこういいました。

「でも、一度《いちど》は森のイスキアを訪問《ほうもん》したいと思っていたので、いっしょに行かせてください」

二〇〇三年十月のある日。

紅葉《こうよう》が始《はじ》まった森のイスキアを、藤木《ふじき》さんが初《はじ》めておとずれました。

そして、最初《さいしょ》にイスキアの土地の図面《ずめん》を見て、ほう、と声をもらしました。

「森のイスキアは、岩木山《いわきさん》から下ってきた舟《ふね》の形をしていますね」

そばで聞いていた俊雄《としお》さんは、ハッとしました。たしかに、小さな森が加《くわ》わった森のイスキアの土地の形は、舳先《へさき》のとがった一艘《いっそう》の舟《ふね》のようです。

初女《はつめ》さんが、うれしそうにほほえみました。

「あら、ほんとうね。わたし、子どものころから鐘《かね》と舟《ふね》にあこがれていたの」

(へえ。先生は舟《ふね》にもあこがれておられたんだ)

俊雄《としお》さんは、それを初《はじ》めて知りました。

初女《はつめ》さんは小さいころ、鐘《かね》の音を聞いて、

(あれはだれが打《う》っているのかしら)

と思いをはせていました。

その鐘《かね》の音がずっと心のなかにひびき続《つづ》けていて、だから森のイスキアにも鐘《かね》をひびかせたいという、あこがれがありました。

でも、初女《はつめ》さんは鐘《かね》だけではなく、水平線《すいへいせん》の向《む》こうに消《き》えていく舟《ふね》にも、

（あれはどこに行くのかしら）

と、あこがれをいだいていたというのです。

（なんという偶然《ぐうぜん》なんだろう）

俊雄《としお》さんは、おどろきをかくせませんでした。

そしてこの日、藤木《ふじき》さんは雨のなか、カサもささずに外に出て、夕方まで小さな森を中心に写真《しゃしん》を撮《と》り、スケッチをしていました。

そして、おとずれた人が書きのこす森のイスキアのノートに、こう書いて東京《とうきょう》に帰ったのです。

ゆったりと、しかし決然《けつぜん》と立つ森のイスキア
岩木山《いわきさん》から流《なが》れついた舟《ふね》
コネチカットの修道院《しゅうどういん》の鐘《かね》
トンブリ、*納豆《なっとう》、きりたんぽ

ダライ・ラマのクルミ、* 杉《すぎ》の黒い森

キャプテン佐藤《さとう》初女《はつめ》先生とクルーのみなさん

航海《こうかい》の無事《ぶじ》を祈《いの》りつつ

それからおよそ一年後。

小さな森の修景《しゅうけい》、つまり、もとの風景《ふうけい》をこわさないように整備《せいび》する計画は、藤木《ふじき》さんの設計《せっけい》のもと、二〇〇四年十一月に工事《こうじ》が開始《かいし》されました。

森のイスキアに植《う》えられていた木が奥《おく》に移植《いしょく》され、寄付《きふ》された木が植《う》えられ、丸いテラスや遊歩道《ゆうほどう》ができ、そして初女《はつめ》さんが夢見《ゆめ》ていたベンチが置《お》かれ——。

そうして翌年《よくとし》の七月、藤木《ふじき》さんをはじめ、樹木医《じゅもくい》や工事《こうじ》に関《かか》わるすべての人たちのすばらしいチームワークで、うっそうとした小さな森は、自然《しぜん》の景観《けいかん》を生かした、美《うつく》しい小さな森へと生まれ変《か》わりました。

今、森のイスキア全体《ぜんたい》が、周囲《しゅうい》の大自然《だいしぜん》と調和《ちょうわ》して、岩木山《いわきさん》のふもとに静《しず》かにたたずんでいます。

吉田夫妻《よしだふさい》は、できあがったばかりの小さな森のなかをゆっくりと歩いていきました。

チラチラとやさしい木《こ》もれ日。鳥の声。なんとやさしい空間でしょう。

この森は、何人もの亡《な》くなった人たちの思いが集《あつ》まってできました。

亡《な》くなった人たちからの寄付《きふ》、「小さな森」と名づけた芳信《よしのぶ》さん。そして吉田夫《よしだふ》妻《さい》の息子《むすこ》、健《けん》さん。

＊トンブリ
ホウキギ（ホウキソウ）の実《み》。小さくて緑色《みどりいろ》をしている。

＊ダライ・ラマのクルミ
ダライ・ラマ十四世《じゅうよんせい》が、世界平和《せかいへいわ》のためにと、クルミの木のタネを世界各国《せかいかっこく》におくり、そのひとつが森のイスキアで大きく育《そだ》っている。

初女《はつめ》さんは、この森のことを鎮魂《ちんこん》の森だといいました。鎮魂《ちんこん》というのは、死者《ししゃ》のたましいをなぐさめる、という意味《いみ》です。

これから、たくさんの人たちがここを歩き、集《つど》い、緑《みどり》にいやされて、ふたたび家に帰っていくことでしょう。

ふたりはそれを想像《そうぞう》しながら、テラスに置《お》かれたベンチにゆったりと腰《こし》をおろしました。

静《しず》かな静《しず》かな森で、心地よい時間が流《なが》れていきます。

9　あなたには、できることがあります

心を伝《つた》える

初女《はつめ》さんは、数多くの著書《ちょしょ》をのこしています。

その本を読んで、ぜひ会いたいと、彼女《かのじょ》をたずねていった人もたくさんいます。

そんな本をつくった編集者《へんしゅうしゃ》のひとり、集英社《しゅうえいしゃ》の武田和子《たけだかずこ》さんは、映画《えいが》『地球交響曲《ガイアシンフォニー》第二番《だいにばん》』の試写会《ししゃかい》を観《み》たあとの懇親会《こんしんかい》で、自分が担当《たんとう》する雑誌《ざっし》に記事《きじ》を載《の》せたいと、初女《はつめ》さんに取材《しゅざい》を申《もう》し込みました。

一九九五年三月、武田《たけだ》さんは、写真家《しゃしんか》の岸圭子《きしけいこ》さん、ライターの石丸久美子《いしまるくみこ》さん、先輩《せんぱい》の編集者《へんしゅうしゃ》や映画《えいが》の宣伝担当者《せんでんたんとうしゃ》とともに、まだ雪深《ゆきぶか》い森のイスキアを三泊四日《さんぱくよっか》でおとずれました。これが、初女《はつめ》さんが初《はじ》めて受《う》けた女性雑誌《じょせいざっし》の取材《しゅざい》だったから

でしょうか、一週間ほどして初女《はつめ》さんから武田《たけだ》さんのもとにとどいたお手紙には、お礼《れい》とともにグアダルーペのマリア様《さま》*を描《えが》いた小さなカードが入っていました。それをきっかけに、武田《たけだ》さんはときどき、手紙を送《おく》ったり、個人的《こじんてき》にたずねていったりして、初女《はつめ》さんとの交流《こうりゅう》は続《つづ》きました。

それは、二〇〇四年の七月、初女《はつめ》さん八十二歳《さい》のときのことでした。武田《たけだ》さんと石丸《いしまる》さんは、雑誌《ざっし》の取材《しゅざい》のために久《ひさ》しぶりに森のイスキアをおとずれました。そのとき、初女《はつめ》さんからこんな相談《そうだん》があったのです。

「イスキアの始《はじ》まりから今までのこと、わたしだけが知っていることをのこしたいのです……本にしてくださいますか？」

武田《たけだ》さんは、どうしてわたしに？　とおどろきながらも大きくうなずきました。

（初女《はつめ》さんの思いを、形にするお手伝《てつだ》いがしたい！）

出版社《しゅっぱんしゃ》ではふつう、企画《きかく》を立て、それを会議《かいぎ》にかけ、予算《よさん》を組み、オッケーが出て初《はじ》めて取材《しゅざい》をスタートさせます。

そこで、武田《たけだ》さんは一生懸命《いっしょうけんめい》に企画書《きかくしょ》をつくり、会議《かいぎ》にかけました。企画書《きかくしょ》というのは、こんな本をつくりたいという、物語でいえばあらすじです。けれど、企画《きかく》はなかなか通りませんでした。武田《たけだ》さんは、初女《はつめ》さんのことを偉大《いだい》な人だと思っていますが、キュリー夫人《ふじん》やナイチンゲールのように、「こんなことをした人です」とシンプルに表現《ひょうげん》するのはとてもむずかしかったのです。

なにしろ初女《はつめ》さんは、「心をこめて、おむすびやお料理《りょうり》をつくり、人をもてなして、その話に耳をかたむける人」。形だけとらえればそれだけで、ちっとも派手《はで》なところがありません。今でこそたくさんの著作《ちょさく》が読まれている初女《はつめ》さんですが、そのころは『おむすびの祈《いの》り』（ＰＨＰ研究所《けんきゅうしょ》）一冊《いっさつ》きり。この著者《ちょしゃ》の本は売れるだろうか、という数字を見る営業部《えいぎょうぶ》は慎重《しんちょう》に考えていたのです。本も「商品《しょうひん》」ですから、「この本はきっと求《もと》められるものになるはず」という編集者《へんしゅうしゃ》の思いだけでは、

＊グアダルーペのマリア様《さま》
一五三一年、メキシコのグアダルーペで、先住民《せんじゅうみん》の前に現《あらわ》れたとされる褐色《かっしょく》の肌《はだ》の聖母《せいぼ》。

出版《しゅっぱん》は決《き》まりません。

でも、武田《たけだ》さんはあきらめませんでした。

（こうしているあいだにも季節《きせつ》はすぎていくし、初女《はつめ》さんにのこされた時間もどんどん少なくなってしまう。本の内容《ないよう》をしっかり伝《つた》えられるように、先に取材《しゅざい》を進《すす》めよう。もし、うちの会社から出せないとなっても、なんとか本にする道を探《さが》そう）

その決心《けっしん》を実行《じっこう》するためには、岸《きし》さんと石丸《いしまる》さんの協力《きょうりょく》は欠《か》かせません。武田《たけだ》さんが思い切って、ふたりに相談《そうだん》したところ、こころよく引き受《う》けてくれました。

そうして武田《たけだ》さんたちの個人的《こじんてき》な取材《しゅざい》がスタートしたのです。

三人は森のイスキアを何度《なんど》もおとずれました。

そして実際《じっさい》に初女《はつめ》さんがお米を洗《あら》い、おむすびをむすび、料理《りょうり》をしているすがたを目にするうちに、本を通してきちんと伝《つた》えるべきことが見えてきました。

（初女《はつめ》さんの言葉《ことば》やすがたを、そのまま伝《つた》える本にしたい）

「お米はとぐのではなく、こうしてやさしく、ていねいに洗《あら》うのがいいですよ」

「わたしが、ほんとうに伝《つた》えたいのは、おむすびのつくり方ではないんです。形が丸いのだって、ただ、わたしが三角にむすべないからなんですよ」

「食はいのち、食材《しょくざい》もまたいのち。食べることは『いのちの移《うつ》しかえ』なんです」

初女《はつめ》さんが伝《つた》えたいのは、お米を、食べもののいのちを、どうしたら生かしていただけるか、ということ。料理《りょうり》のひとつひとつの手順《てじゅん》をおろそかにせず、ていねいにする、ということは、そこに心をかけること。そこに心をささげること——。

さらに、森のイスキアや小さな森の修景《しゅうけい》にかかわってくれた、たくさんの人たちの思いを書きのこさなければ、という初女《はつめ》さんの強い感謝《かんしゃ》の思い——。

それは、あしかけ五年の取《と》り組みになりました。

春夏秋冬の森のイスキアだけでなく、講演会《こうえんかい》やおむすび講習会《こうしゅうかい》に全国《ぜんこく》を飛《と》びまわる初女《はつめ》さんを、武田《たけだ》さんたちは追《お》いかけ、話を聞き、写真《しゃしん》を撮《と》りました。

そうして二〇一〇年六月に『いのちの森の台所《だいどころ》』（集英社《しゅうえいしゃ》）が刊行《かんこう》されました。

あきらめずに、武田《たけだ》さんがその一冊《いっさつ》に情熱《じょうねつ》をかたむけられたのは、初女《はつめ》さんの、こんな言葉《ことば》があったからでした。

「あなたには、できることがあります。あなたがいる場所《ばしょ》で、あなたができることをしてください」

岸《きし》さん、石丸《いしまる》さんとともに仕上《しあ》げた初女《はつめ》さんの本は二冊《にさつ》。もう一冊《いっさつ》の『いのちをむすぶ』（集英社《しゅうえいしゃ》）は初女《はつめ》さんの遺作《いさく》、つまり、生前最後《さいご》の本になりました。

三人が一九九五年に森のイスキアを初《はじ》めておとずれてから、初女《はつめ》さんが亡《な》くなるまでのおよそ二十年のあいだに、大きなきずなが生まれていました。

そして、こんな初女《はつめ》さんの言葉《ことば》が、武田《たけだ》さんの今を支《ささ》えています。

「出会いは未来《みらい》をひらきます」

武田《たけだ》さんは、初女《はつめ》さんとの思い出をふりかえって、こういいます。

——初女《はつめ》さんは「好《す》きな言葉《ことば》は『感謝《かんしゃ》』です」とよくおっしゃっていました。それに、聖書《せいしょ》のなかの「心の貧《まず》しい人は、幸《さいわ》いである」という言葉《ことば》について、

「心が貧《まず》しい、というのは、少しのもので満足《まんぞく》できる、ということではないかと思います」とも。わたしはクリスチャンではないので、なぜ「心の貧《まず》しい人が幸《さいわ》い」なのか、初女《はつめ》さんの言葉《ことば》の意味《いみ》も、ほんとうにはわかっていないかもしれません。でも、今は、こういうことなのではないかな、と思っています。

満《み》たされていると感《かん》じると、ふしぎと感謝《かんしゃ》の気持《きも》ちがわいてきますよね。

たとえば、今日もごはんがおいしい。

たとえば、今日も家族《かぞく》が笑顔《えがお》ですごしている。

毎日のくらしの、あたりまえに思えることにも、「ああ、ありがたいな」「幸《しあわ》せだなあ」と、感謝《かんしゃ》とともに生きていける人になりたいと思います。

初女《はつめ》さんは、自分のことはまったく考えていない方でした。自分の体は自分のものではなく、人から求《もと》められれば、神《かみ》さまから求《もと》められているのだから、と、どんなにつかれていても、まるで自分の体をささげるように、休みなく働《はたら》いていらっしゃった。きっと、そこには人のために働《はたら》ける感謝《かんしゃ》と喜《よろこ》びがあったのだと思います。

本は百年も、二百年も「言葉《ことば》」と「心」を伝《つた》えます。

わたしは、初女《はつめ》さんは、ダライ・ラマやマザー・テレサのように大きな働《はたら》きをされた人だと思っています。けれど、同じ時代《じだい》に生きていると、その存在《そんざい》の大きさがほんとうにはわからないままかもしれません。だからこそ、わたしのような平凡《へいぼん》な人間が今できることは、編集者《へんしゅうしゃ》としてその人の持《も》つ何かを、時間がかかっても、手探《てさぐ》りででも、できるかぎりそのまま伝《つた》えていこうとすることしかありません。

初女《はつめ》さんは、人と会うことをとても大切にされていました。

「通じ合える人との出会いはなによりの喜《よろこ》びです。直接《ちょくせつ》お会いすると、ほんとうに深《ふか》くなるんですよ。生きるというのは、出会いがつながって、広がって、続《つづ》いていくものですからね」ともおっしゃっていました。

本を読むことも同じだと思うんです。ふと手にした本でも、何かしらを感《かん》じたら、それは書いた人と読んだ人との特別《とくべつ》な出会いです。これからも初女《はつめ》さんの本を通じて、初女《はつめ》さんと出会う人がたくさんいるとよいなあと願《ねが》っています。――

天女《てんにょ》の舞《まい》

青森《あおもり》に生まれ育《そだ》った伊藤由香《いとうゆか》さんが初女《はつめ》さんに出会ったのは、一九九七年のことでした。

伊藤《いとう》さんは、ダンスのプロになろうと、アメリカのニューヨークにダンス留学《りゅうがく》をしていましたが、なかなか夢《ゆめ》がかなわないまま、そのあいだにお父さんが亡《な》くなって、とても落《お》ちこんで実家《じっか》に帰っていました。

そんなとき、知り合いが森のイスキアに連《つ》れていってくれたのです。

初女《はつめ》さんに出会っても、伊藤《いとう》さんは何を話したらいいのかわかりませんでした。

もちろん、初女《はつめ》さんは、自分からは何もたずねません。

けれどしばらくすると、伊藤《いとう》さんの口から自然《しぜん》に言葉《ことば》が出ていました。

「わたし、おどれるようになりたくてニューヨークの学校に行きました。でも、毎日のレッスンとアルバイト生活につかれてしまって、あきらめて帰ってきました」

初女《はつめ》さんは、伊藤《いとう》さんの目をじっと見つめました。

「今はどうにもならないので、しばらくは何も決《き》めないで、流《なが》れにまかせて生きてみたらどうでしょう」

伊藤《いとう》さんは、「え？」と首をかしげました。

これまでそんな生き方をしたことがなかったし、そんなふうにいわれたこともありませんでした。

初女《はつめ》さんが、さらに言葉《ことば》を足しました。

「自分で『ああしよう、こうしよう』と考えなくてもいいんだよ」

（そうか……）

伊藤《いとう》さんは、いつも自分で目標《もくひょう》を決《き》め、それに向《む》かって一生懸命《いっしょうけんめい》やってきました。でも今、初女《はつめ》さんの言葉《ことば》を聞いて、それをやめてみようと思いました。

ところが、日がすぎて気がついたら、やはり、おどり始《はじ》めていました。

しばらくして、初女《はつめ》さんから電話がありました。

「近いうちに、ごはんを食べにおいで」

そこで伊藤《いとう》さんが弘前《ひろさき》イスキアをおとずれると、初女《はつめ》さんはこういいました。

「芸術《げいじゅつ》にたずさわっている人たちは、いくらその作品《さくひん》や演奏《えんそう》が人からほめられていたとしても、人としてどう生きるかが大切なんですよ」

胸《むね》がジーンと熱《あつ》くなりました。

（そうか、おどることより、人としてどう生きるかを大切にしてみよう）

そう思った伊藤《いとう》さんは、その言葉《ことば》を心の支《ささ》えにしておどり続《つづ》けました。

そして、晴れの舞台《ぶたい》に立ったとき、初女《はつめ》さんが会場に来て、「いつか、羽衣《はごろも》の天《てん》女《にょ》の舞《まい》をおどってね」といったのです。

羽衣《はごろも》の天女《てんにょ》というのは、羽衣《はごろも》をかくされて天に帰れなくなった天女《てんにょ》が、最後《さいご》には天に帰るという、日本各地《かくち》にのこるむかし話です。

「そうですね、どんなふうにおどったらいいでしょうね」

そのとき伊藤《いとう》さんはそう答え、それからもふたりの交流《こうりゅう》は続《つづ》きました。

そして十五年後のある日、伊藤《いとう》さんのもとに初女《はつめ》さんから電話がかかってきました。

「今度《こんど》ね、ＤＶＤフォトブック（『いのちのふるさと』Ａｎｎ Ｂｏｏｋｓ刊《かん》）をつくるらしくて、その写真家《しゃしんか》の撮《と》った写真《しゃしん》を見せてもらったんだけど、そのなかに海の近くの松原《まつばら》が写《うつ》っていてね。わたし、そこで由香《ゆか》さんが天女《てんにょ》の舞《まい》をおどっているのが見えた気がしたの。だから、ＤＶＤを撮《と》るとき天女《てんにょ》の舞《まい》をおどってね」

伊藤《いとう》さんはびっくりしました。

（十五年も前の話なのに、初女《はつめ》さんは覚《おぼ》えていてくれた！）

晴れたある日の午後、森のイスキアにある大きな石の上で、伊藤《いとう》さんは天女《てんにょ》の舞《まい》をおどっていました。

足もとの石は、およそ五百年前、岩木山《いわきさん》が噴火《ふんか》したときに飛《と》び出してきた太古の石で、二十五トンもあります。そしてふしぎなことに、その石は、森のイスキアからながめる岩木山《いわきさん》の形をしています。

伊藤《いとう》さんは、思うままに舞《ま》いました。白く長いそでを風に泳《およ》がせるようにして、まるで岩木山《いわきさん》の上空に舞《ま》い降《お》りた天女《てんにょ》のように——。

そして翌日《よくじつ》、伊藤《いとう》さんは、今度《こんど》は森のなかでおどっていました。

森のイスキアにある大きな石の上で天女《てんにょ》の舞《まい》をおどる伊藤由香《いとうゆか》さん

緑《みどり》はあふれ、木《こ》もれ日がさしています。風がふくたび、草木がそよぎます。

木のいすにすわった初女《はつめ》さんが、伊藤《いとう》さんの書いた「おどるための言葉《ことば》」を読みあげていきます。

天からそっと舞《ま》いおりて、
この美《うつく》しいいのちかがやく世界《せかい》を生きてきました。
天のふるさとは、いとおしいけれど、
この生きた世界《せかい》もまた、いとおしいです。（以下省略《いかしょうりゃく》）

その日の思い出を大切にして、伊藤《いとう》さんは、今もおどり続《つづ》けています。もちろん、人としてどう生きるか、それをいつも考えながら——。

東日本大震災《だいしんさい》

二〇一一年三月十一日、東日本大震災《だいしんさい》が起《お》きたその翌日《よくじつ》に、初女《はつめ》さんの講演会《こうえんかい》が北海道帯広市《ほっかいどうおびひろし》で開催《かいさい》されることになっていました。

けれど大震災《だいしんさい》の日は、初女《はつめ》さんの住《す》む弘前市《ひろさきし》もすごくゆれたとのこと。講演《こうえん》を計画した帯広市《おびひろし》の主催者《しゅさいしゃ》は心配《しんぱい》でなりませんでした。

初女《はつめ》さんに電話をかけても、停電《ていでん》しているようで、まったくつながりません。

「先生、だいじょうぶかしら」

「こんなときに来ていただくのは申《もう》しわけないから、中止にしましょう」

ボランティアで会場の準備《じゅんび》にたずさわっていた人たちも、心配《しんぱい》でなりません。

講演《こうえん》の開始《かいし》時間は、どんどんせまってきています。

こまった主催者《しゅさいしゃ》は、札幌市《さっぽろし》に住《す》んでいる畑野弘子《はたのひろこ》さんに電話をかけました。

畑野《はたの》さんは、横浜市《よこはまし》に住《す》んでいたとき、ドキュメンタリー映画《えいが》『地球交響曲《ガイアシンフォニー》第二《だいに》番《ばん》』を見て（初女《はつめ》さんに会うんだ！）と心を決《き》め、森のイスキアをたずねて以来《いらい》二十年以上《いじょう》、初女《はつめ》さんと深《ふか》く交流《こうりゅう》を続《つづ》けている人です。

「初女《はつめ》先生と連絡《れんらく》がつかないのですが……」

主催者《しゅさいしゃ》からの電話を受《う》けて、畑野《はたの》さんは考えました。

それまでに日本だけでなく、アメリカでの講演会《こうえんかい》にも初女《はつめ》さんと行動《こうどう》をともにしてきましたが、その旅《たび》のなかで、初女《はつめ》さんはいつも、自然《しぜん》の流《なが》れにまかせれば、な

初女《はつめ》さんはいつも「自然《しぜん》の流《なが》れにまかせましょう」といっていた——

るようになっていくといっていました。飛行機《ひこうき》がフライト中止になっていなければ、初女《はつめ》さんは予定《よてい》どおり飛行機《ひこうき》に乗《の》り、こちらに向《む》かっているでしょう。

「初女《はつめ》先生なら『自然《しぜん》の流《なが》れにまかせましょう』とおっしゃいます。きっと、だいじょうぶですよ」

主催者《しゅさいしゃ》は、それを聞いてホッとしたようでした。

「安心《あんしん》しました。じゃあ、このまま待《ま》っています」

「ええ。そうしてください。わたしはこれから空港《くうこう》に行ってみます」

畑野《はたの》さんは急《いそ》いで新千歳空港《しんちとせくうこう》に向《む》かいました。なんといっても、講演開始《こうえんかいし》の時間は決《き》まっています。大震災《だいしんさい》の影響《えいきょう》で、飛行機《ひこうき》がおくれているかもしれません。

（どうか間に合いますように）

畑野《はたの》さんはドキドキしながら国内線到着《とうちゃく》ロビーで待《ま》っていました。そして、到着《とうちゃく》のアナウンスが流《なが》れ、飛行機《ひこうき》から降《お》りてくる人の波《なみ》に目をこらしていると――。

「あっ、先生！」

畑野《はたの》さんは思わず手をふりながらかけよりました。初女《はつめ》さんは、おだやかな口調《くちょう》で頭を下げました。

「こんにちは。お出むかえ、ありがとう」

初女《はつめ》さんの弘前《ひろさき》の自宅《じたく》も大きくゆれたはずでした。青森空港《あおもりくうこう》もきっとざわめいていたことでしょう。

なのに初女《はつめ》さんは、いつもと少しも変《か》わりません。まるで、さざ波《なみ》さえ立たない静《しず》かな湖面《こめん》のようなたたずまいです。

ふたりはそれから予定《よてい》どおりに特急《とっきゅう》に乗《の》り、帯広《おびひろ》の講演《こうえん》会場へと向《む》かいました。

とちゅう、ドーンとものすごい衝撃《しょうげき》があって電車が一時停車《ていしゃ》しましたが、それは特急《とっきゅう》とシカがぶつかるというハプニング。ふつうなら、間に合うかどうか、時計を見ながらハラハラドキドキする場面《ばめん》ですが、初女《はつめ》さんはやっぱり落《お》ち着《つ》いていました。

そして、ふたりはちゃんと時間どおりに帯広《おびひろ》の会場に到着《とうちゃく》し、無事《ぶじ》に講演会《こうえんかい》を始《はじ》めることができたのです。

「あわてることはありません。ちゃんとなるようになります」

初女《はつめ》さんは、いつもそういいます。

畑野《はたの》さんは、あらためてそのとおりだと思いました。

ちなみに、初女《はつめ》さんがいう「なるようになる」という言葉《ことば》の意味《いみ》は、何もしなくてもなるようになる、ということではありません。できるかぎりの努力《どりょく》をしたうえで、あとはジタバタせず、なるようになると考えなさい、ということです。

けれどその日は、さすがに大震災《だいしんさい》の翌日《よくじつ》。会場にいる参加者《さんかしゃ》も、それぞれに動揺《どうよう》していました。

「東北の人たちに、わたしたちは何をしたらいいんでしょう」

「どうしたら、少しでも力になれるかしら」

みんな、口々《くちぐち》に被災《ひさい》した人たちのことを気づかっています。

初女《はつめ》さんは、そんな人たちに向《む》かい、ひと言、ひと言、かみしめるようにいいました。

「みなさん、あわてないでください。あなたがたにはできることがあります。それをじっくり考えたら、自分がするべきことが見えてきます。

どうしよう、どうしよう、と思うときには、待《ま》つことです。

あわてないで物事《ものごと》をしっかり見ていると、ちゃんと道が開《ひら》けてきます。あなたがいる場所《ばしょ》で、あなたができることをしてください」

10　おむすびの心、世界《せかい》へ

森のイスキアが多くの人の厚意《こうい》で、しっかりと大地に根《ね》をはり、おとずれる人もますますふえていくなかで、初女《はつめ》さんは時間をぬうようにして、依頼《いらい》された講演会《こうえんかい》とおむすび講習会《こうしゅうかい》に飛《と》びまわっていました。

それは日本国内だけではありません。

たのまれればどこにでも、たとえばシンガポール、アメリカ、ベルギーと、それこそ世界《せかい》をまたにかけて行動《こうどう》していたのです。

こう書くと、初女《はつめ》さんは、いろんな国に行けていいなあ、と思うかもしれません。でも、海外に出かける初女《はつめ》さんにスタッフがいった言葉《ことば》は、初女《はつめ》さんの旅《たび》をよく表《あらわ》しています。

「あなたにとっては、どこだって同じだよね。乗《の》りものに乗《の》って、着《つ》いたらお話をして、お料理《りょうり》をつくって食べてもらって、観光《かんこう》もしないで帰ってくるんだものね」

そう。初女《はつめ》さんは、どこに行っても観光《かんこう》はしません。自分の時間はすべて人のため。そこに徹《てっ》した人でした。

そんな初女《はつめ》さんが伝《つた》えたかったことは、世界《せかい》のどこであっても同じです。海外の講演《こうえん》でも、初女《はつめ》さんは必《かなら》ずこう話していました。

「食はいのち。生活の基本《きほん》です。食ほどストレートに心に伝《つた》わるものはないと思うのです」

シンガポールへの旅《たび》

吉田夫妻《よしだふさい》は、福岡市《ふくおかし》の自宅《じたく》で初女《はつめ》さんの志《こころざし》を受《う》けついだ活動《かつどう》を続《つづ》けています。

ふたりは、初女《はつめ》さんの国内外の旅《たび》に、たいていは同行して、その活動《かつどう》をかげで支《ささ》えてきました。

俊雄《としお》さんは数多くの旅《たび》のなかで、シンガポール大学で開催《かいさい》された講演《こうえん》のときのことが印象《いんしょう》にのこっているといいます。

――二〇〇八年。ハワイの講演《こうえん》から帰ってすぐ、初女《はつめ》さんは、シンガポール大学に招《まね》かれ、わたしたち夫婦《ふうふ》もいっしょにシンガポールに向《む》かいました。シンガポールに住《す》んでいるのは、中国系《けい》、マレー系《けい》の人たちがほとんどでした。その人たちは、第二次世界大戦《だいにじせかいたいせん》（太平洋戦争《たいへいようせんそう》）を経験《けいけん》していて、侵略《しんりゃく》してきた日本に対《たい》して、あまりいい感情《かんじょう》を持《も》っていないと聞いていました。だからでしょうか。初女《はつめ》さんの講演《こうえん》が終《お》わったあとの質問《しつもん》の時間に、最初《さいしょ》に手をあげた学生がこうたずねたんです。

「初女《はつめ》さんは戦争《せんそう》のとき、何をしていましたか？」

その場がシーンとしました。みんな緊張《きんちょう》した顔で、初女《はつめ》さんがどう答えるのか耳をかたむけていました。

初女《はつめ》さんは、ゆっくりと口を開《ひら》きました。

「わたしは、爆弾《ばくだん》が落《お》ちてくるなかを逃《に》げまわっていました」

実際《じっさい》、青森市《あおもりし》に住《す》んでいた初女《はつめ》さんは、青森空襲《あおもりくうしゅう》で被災《ひさい》し、弘前市《ひろさきし》に引っ越《こ》していきます。大好《だいす》きだった青森《あおもり》が火の海になった光景《こうけい》は、もちろん今も忘《わす》れることができないでしょう。

最後《さいご》にきっぱりと、こういったんです。

「戦争《せんそう》はもう二度《にど》と起《お》こってほしくないです」

会場の雰囲気《ふんいき》が一気にやわらかくなりましたね。

国同士《くにどうし》は過去《かこ》に敵味方《てきみかた》であったとしても、庶民《しょみん》はみんな被害者《ひがいしゃ》で、だから反戦《はんせん》に対《たい》する思いは共通《きょうつう》なんですね。

それからもいろいろ質問《しつもん》が続《つづ》いて、そのなかに、

「初女《はつめ》先生は、後悔《こうかい》していることってありますか？」

というものがありました。

初女《はつめ》さんは、「ありません」と短《みじか》く答えたんですが、それからすぐにつけ足しましたね。

「あ、ひとつあります。英語《えいご》をしゃべることができるようになっていればよかった。そうしたら通訳《つうやく》をお願《ねが》いしなくても、直接《ちょくせつ》お話しできたのに」って。

英語《えいご》を勉強《べんきょう》しておけばよかった、といったのは、相手《あいて》が学生だったからでしょう。会場に笑《わら》い声があふれましたよ。

最初《さいしょ》の緊張《きんちょう》した雰囲気《ふんいき》が、終《お》わるときにはみんな笑顔《えがお》で、初女《はつめ》さんの、ほんわかしたやさしさが会場を包《つつ》んでいましたね。——

アメリカへの旅《たび》

吉田夫妻《よしだふさい》と同じように、札幌市《さっぽろし》の自宅《じたく》で活動《かつどう》している畑野《はたの》さんは、初女《はつめ》さんのアメリカへの旅《たび》に、いつも同行していました。

そのときの思い出をこう語ります。

――アメリカへは、いつも、サンフランシスコとロサンゼルスに住《す》む人たちから招《まね》かれて行っていました。

初女《はつめ》さんは、講演《こうえん》とおむすびやお料理《りょうり》の講習会《こうしゅうかい》を、たいていは同じ日にこなしていました。招《まね》いてくれた人、つまり主催者《しゅさいしゃ》は、どちらも向《む》こうに住《す》んでいる日本人で、外国人と結婚《けっこん》している女性《じょせい》でした。

講演《こうえん》には、いつも百人前後の人が参加《さんか》してくれましたが、日本人が多く、アメリカ人はちらほらいるといった感《かん》じでしょうか。

初女《はつめ》さんは英語《えいご》がしゃべれないので、講演《こうえん》しているすぐそばに通訳《つうやく》がいて、そのつど訳《やく》してもらっていました。

講演《こうえん》のあとの、おむすびやお料理《りょうり》の講習会《こうしゅうかい》は、主催《しゅさい》する日本人の自宅《じたく》でしていました。大きな家ですが、参加《さんか》できる人数はかぎられていて、二十人くらいでしたね。

みんな興味津々《きょうみしんしん》で、とても和《なご》やかなひとときでしたよ。

海外では、和食《わしょく》に対《たい》しての興味《きょうみ》が強いので、おむすびにかぎらず、いろんなお料理《りょうり》を初女《はつめ》さんに教えてもらいました。

そのとき教わったなかに、「イカとミョウガのずんだ和《あ》え」というお料理《りょうり》があって、それは神家《じんけ》に代々《だいだい》伝《つた》わっているお料理《りょうり》だそうです。

それ以来《いらい》、わたしもこれをつくったら冷凍保存《れいとうほぞん》して、いろんな人に食べてもらっているんですよ。

つくり方

1　イカを皮《かわ》をむかずに湯《ゆ》がいて、お酢《す》に一晩《ひとばん》漬《つ》ける。

※イカの皮《かわ》は、湯《ゆ》がくとピンクになってきれいなので、いろどりのためにのこす。

2　塩《しお》ゆでした枝豆《えだまめ》の薄皮《うすかわ》を取《と》り、すりばちでする。

※これが、「ずんだ」とよばれるもの。

3　ミョウガを千切りにする。
4　イカをミョウガと同じくらいの大きさに切る。
5　全部《ぜんぶ》をあわせて、少し塩《しお》をふる。――

ベルギーへの旅《たび》

初女《はつめ》さんは、ベルギーやフランスでも、講演《こうえん》とお料理講習会《りょうりこうしゅうかい》を開《ひら》きました。そのきっかけをつくったのは、徳島県《とくしまけん》に住《す》み、WWOOF《ウーフ》*のホストをしている、工藤真理子《くどうまりこ》さんです。

青森《あおもり》で生まれ育《そだ》った工藤《くどう》さんは、森のイスキアをしばしばおとずれ、また、初女《はつめ》さんを徳島《とくしま》に何度《なんど》も招《まね》いて講演会《こうえんかい》を開催《かいさい》してきました。

*WWOOF（ウーフ）
お金のやりとりのない、人と人との交流《こうりゅう》。有機農場《ゆうきのうじょう》で食事《しょくじ》と宿泊場所《しゅくはくばしょ》を提供《ていきょう》する側《がわ》をホスト、そのホストに力、経験《けいけん》、知識《ちしき》を提供《ていきょう》する側《がわ》をウーファーと呼《よ》びます。WWOOF《ウーフ》は、World《ワールド》 Wide《ワイド》 Opportunities《オポチュニティーズ》 on《オン》 Organic《オーガニック》 Farms《ファームズ》「世界《せかい》に広がる有機農場《ゆうきのうじょう》での機会《きかい》」の頭文字《かしらもじ》。

初女《はつめ》さんを心から尊敬《そんけい》し、初女《はつめ》さんの話すやわらかい津軽弁《つがるべん》を聞くと、まるでお母さんと話しているような気がしたといいます。

そんな工藤《くどう》さん宅《たく》にウーファーとしてやってきたのが、ベルギーのブリュッセルに住《す》むサイモン（Siméon Moutaftchieff）さんでした。

――サイモンさんは、わたしが撮影《さつえい》したビデオで、料理《りょうり》をしている初女《はつめ》さんのすがたを見て、初《はじ》めて初女《はつめ》さんのことを知りました。

それでわたしが、

「初女《はつめ》さんは、人の言葉《ことば》に耳をかたむけ、ごはんをいっしょに食べることとの大切さを伝《つた》えるという活動《かつどう》をされているんですよ」

と話したら、とても感動《かんどう》して、

「ぼくの国に初女《はつめ》さんを招《まね》いて、ママや友人に初女《はつめ》さんのすばらしさ、考え方を伝《つた》えたい！　初女《はつめ》さんにベルギーに来てもらうことは、できないだろうか」

といったんです。

そこで、初女《はつめ》さんに、サイモンさんのことを話しました。

「先生、ベルギーの人が、先生に来てほしいっておっしゃっています」

そのとき初女《はつめ》さんは九十歳《さい》近くでした。しかもベルギーまでは、飛行機《ひこうき》に乗《の》っている時間だけでも、およそ十五時間かかります。

でも、初女《はつめ》さんはためらうことなく、「行きましょう」と答えました。

日ごろ、初女《はつめ》さんは感情《かんじょう》を表《おもて》に出さず、とても静《しず》かで、おだやかな人でしたが、行動《こうどう》することと直接《ちょくせつ》会って心を伝《つた》えることをとても大切にしていました。

どれほど遠くても、求《もと》められればそれにこたえる人です。

スケジュールは、するすると決《き》まりましたよ。

それで、二〇〇九年の九月には、初女《はつめ》さんとイスキアのスタッフ、そしてわたしもベルギーへと飛《と》びました。

初女《はつ》さんとベルギーの人たちとの縁《えん》はそれからも続《つづ》いて、ベルギーの人がフランスのパリの人に初女《はつめ》さんの話をして、三年目にはベルギーでお料理講習会《りょうりこうしゅうかい》をしたあと、パリにも回ることになりました。

ベルギーからタリス（THALYS）という日本の新幹線《しんかんせん》のような特急《とっきゅう》電車に乗《の》って、パリまで一時間半ほどかかります。

ふつうの人なら移動《いどう》だけでもつかれそうな長旅《ながたび》なのに、初女《はつめ》さんはそこで講演《こうえん》し、お料《りょう》理《り》を自《みずか》らの手でつくってみせる……その小さな体のどこに、そんなエネルギーがあるのかと思うほどの行動力《こうどうりょく》でした。——

サイモンさんは、初女《はつめ》さんを招《まね》いた当時のことをこう回想《かいそう》します。

——初女《はつめ》さんが九月末《まつ》に初《はじ》めて来られたと

食べものからいのちをいただいて元気になる——おむすびの心を伝《つた》える
ベルギーでのワークショップ。左がサイモンさん

き、伝統的《でんとうてき》な日本料理《りょうり》のワークショップを四十人あまりの人たちで計画しました。それが、わたしと、初女《はつめ》さんのつくるすばらしいおむすびとの最初《さいしょ》の出会いでした。

おむすびは、かんたんにつくれるように見えたし、とてもおいしいものでした。ごはんをにぎる初女《はつめ》さんの手は、母親が自分の子どもをいつくしむようで、彼女《かのじょ》の食べものに対《たい》する愛情《あいじょう》がにじみ出ていました。

その後、わたしたちは同じようにおむすびをつくってみたのですが、それは決《けっ》してかんたんではありませんでした。初女《はつめ》さんのおむすびの味《あじ》に近づけたのは、ワークショップからずっとあとのこと、何度《なんど》も何度《なんど》もつくってからのことです。

初女《はつめ》さんは、ベルギーの首都《しゅと》ブリュッセルに三回来てくれました。最初《さいしょ》のワークショップでは、異国《いこく》の料理《りょうり》や料理法《りょうりほう》を学ぶことに興味《きょうみ》を持《も》つ人たちで大きなグループとなりましたが、そこから、みんな、初女《はつめ》さんの料理《りょうり》に対《たい》する精神《せいしん》を理解《りかい》していくようになりました。

初女《はつめ》さんは日本大使館《たいしかん》と、ベルギーの、ある高等《こうとう》学校での集《あつ》まりの場でも話をしてくれましたが、経験《けいけん》をもとにして、わたしたちに教えてくれた料理《りょうり》のあれこれは、栄養学《えいようがく》の専門家《せんもんか》よりくわしくて、大きなおどろきでした。

そしてそのとき、わたしの母も出席《しゅっせき》していたのですが、初女《はつめ》さんのスピーチが終《お》わったとき、母は初女《はつめ》さんに近づいていき、通訳《つうやく》をとおして質問《しつもん》をしました。

「あなたはどうして、お料理《りょうり》を熱心《ねっしん》にしているの？」

「ライスボール（おむすび）をタオルにくるむ＊のは、なぜ？」

そうするうちに、ふたりは目と目、そして身《み》ぶり手ぶりで、通訳《つうやく》をはさまなくても、おたがいのいいたいことがわかるようになりました。

言葉《ことば》が通じないのに、すっかりなかよしになったのです。

初女《はつめ》さんは、料理《りょうり》を通じて「心をむすぶ」ということを、わたしたちに教えてくれました。——

そうして日本全国《ぜんこく》だけでなく、海外までも飛《と》びまわり、いそがしく働《はたら》いていた初《はつ》女《め》さんが、自分の病気《びょうき》に気がついたのは、いったいいつなのでしょう。

初《はつ》女《め》さんは、それを人に相談《そうだん》せず、病院《びょういん》にも行かず、薬《くすり》も飲《の》まずに、のこされた時間をすごしていました。

写真家《しゃしんか》のオザキマサキさんが初《はつ》女《め》さんをたずねたのは、そんなころでした。

そして二〇一四年の夏のおわりから一年半近く、初《はつ》女《め》さんの最晩年《さいばんねん》のすがたを撮《と》り続《つづ》けたのです。

初《はつ》女《め》さんは、そのころにはすでに体調《たいちょう》が悪《わる》く、外に出かける活動《かつどう》は、あまりしていなかったといいます。

――森《もり》のイスキアには、たくさんの人がたずねてくるから、きっとつかれてい

＊「おむすびを時間をおいて食べるとき、タオルは生地《きじ》にループ（輪《わ》の形をしたもの）があるので、くるんでも湿気《しっけ》がこもらず、乾燥《かんそう》も防《ふせ》ぐのでいい状態《じょうたい》を保《たも》てます」（初《はつ》女《め》さん談《だん》）

るはずなのに、初女《はつめ》さんは、いつもキッチンのカウンターの背《せ》の高《たか》いイスにすわって、手《て》を動《うご》かされていました。

料理《りょうり》をするときはスタッフみんなが、あうんの呼吸《こきゅう》で自然《しぜん》に動《うご》いていましたね。そして、最後《さいご》に初女《はつめ》さんが少し整《ととの》えていました。チーム・イスキア、って感《かん》じで。だから初女《はつめ》さんも、ここまでやってこられたんだと思います。

食事《しょくじ》はお客《きゃく》さんといっしょに、もくもくと食べておられました。やっぱり食事《しょくじ》は初女《はつめ》さんの元気のもとなんですね。

そして食事《しょくじ》が終《お》わったら、お茶を飲《の》みながら、お客《きゃく》さんの話を聞かれるんです。初女《はつめ》さんは自分からは、「どうしたの?」とか、何も聞かないし、自分からも話さない。でもいっしょにいると、お客《きゃく》さんはポツリ、ポツリと話し始《はじ》めるんです。泊《と》まっている人がいるときには、おそくまで話を聞かれていましたね。

ぼくは関西《かんさい》にいるから、青森《あおもり》のきびしい冬の風景《ふうけい》にとても魅《み》せられたんですけど、東北の人にとっては、春が特別《とくべつ》なんだと感《かん》じました。

初女《はつめ》さんも春が大好《だいす》きで、冬のあいだ閉《と》じている森のイスキアが、オープンするのを心待《こころま》ちにしていたみたいです。

二〇一五年の四月の終《お》わり、オープンする前の準備《じゅんび》のとき、ずっと体調《たいちょう》がすぐれないから、初女《はつめ》さんは来られないって聞いていたのに、調子《ちょうし》がよかったのか、スタッフといっしょに来られたんです。

みんなが窓《まど》を開《あ》け、そうじをしているあいだ、初女《はつめ》さんは、キッチンの横《よこ》にある自分の書斎《しょさい》にいて、窓《まど》からさしこむ陽《ひ》だまりのなかで、ぼーっと、ひたすら、ぼーっとしていました。

すごくやさしい、おだやかなお顔で、ぼくは初女《はつめ》さんの写真《しゃしん》をたくさん撮《と》らせてもらいましたけど、そのときはなんというか、あまりに美《うつく》しくて、写真《しゃしん》を撮《と》ることができなかった。撮《と》りたかったけど、撮《と》れなかったんです。

初女《はつめ》さんがお話しされたなかで、

「今を生きてください」

「それぞれのところで、やりなさい」

そんな言葉《ことば》が心にのこっています。それと、

「あと一歩だよ」って言葉《ことば》。

初女《はつめ》さんは、もうこのへんで……というのはイヤだといっていました。もう一歩ふみこんだところに大切なものがある、って。だから、ぼくもあと一歩を追《お》いかけて、「写真《しゃしん》」の世界《せかい》で、これからもやっていこうと思います。――

いつもおだやかでやさしかった初女《はつめ》さん

11　それぞれの別《わか》れ

二〇一六年一月。新しい年がスタートしたころ、初女《はつめ》さんは弘前《ひろさき》の自宅《じたく》で、静《しず》かな時間をすごしていました。

病気《びょうき》は少しずつ悪《わる》くなり、そのいのちの火は、もうすぐ消《き》えようとしています。

それは、初女《はつめ》さんが亡《な》くなる一週間前のこと。

京都市《きょうとし》の北山聖子《きたやましょうこ》さんのもとに、知人から一本の電話がかかりました。

「初女《はつめ》先生の具合《ぐあい》がよくないです。今すぐ弘前《ひろさき》に行って、会ってきたほうがいいですよ」

「えっ……」

北山《きたやま》さんの心は、シーソーのようにゆれました。

（先生に会いたい。すぐにでも飛《と》んでいきたい）

（今は仕事《しごと》がいそがしくて、とても休めないわ）

（それなら、京都《きょうと》から青森《あおもり》まで、日帰りで行けないかな）

（いやあ、時間的《じかんてき》にぜったいにむり。親族《しんぞく》の具合《ぐあい》が悪《わる》いわけじゃないから、何日も仕事《しごと》を休めないし）

（だけど、今、行かなかったら初女《はつめ》さんに二度《にど》と会えないかもしれない……）

頭では、（行けない、むり）と思っているのに、初女《はつめ》さんに会いたい気持《きも》ちがおさえられず、どうしてもあきらめることができません。

そこで、お母さんに相談《そうだん》してみると、

「初女《はつめ》先生には、とてもお世話《せわ》になったんだもの。ここで会わなかったら一生後悔《こうかい》するよ」

そういって、背中《せなか》を押《お》してくれました。

（そうだね。やっぱり行ってこよう。行かなかったら、きっと一生後悔《こうかい》する）

北山《きたやま》さんは思い切って上司《じょうし》にたのんでみました。

「わたしの恩人《おんじん》が危篤《きとく》なんです。どうか行かせてください」

北山《きたやま》さんの真剣《しんけん》な気持《きも》ちは通じました。

「そんなことなら、早く行ってきなさい」

上司《じょうし》はそういって、こころよく送《おく》り出してくれたのです。


北山《きたやま》さんが青森空港《あおもりくうこう》に降《お》りたったその日は、いかにも東北の冬らしく、雪がしんしんと降《ふ》っていました。空気は冷《つめ》たく、はく息《いき》が白いけむりのようです。

北山《きたやま》さんはコートのえりを寄《よ》せ、空港発《くうこうはつ》のリムジンバスに乗《の》りました。そして弘前駅前《ひろさきえきまえ》からタクシーに乗《の》りかえて、「弘前《ひろさき》イスキア」と表札《ひょうさつ》がかかった初女《はつめ》さんの自宅《じたく》にやってきました。

初女《はつめ》さんはスタッフに見守《みまも》られながら、ふとんのなかで眠《ねむ》っていたり、ふと目を開《あ》けたりしていました。

「初女《はつめ》先生。こんにちは。聖子《しょうこ》です」

そっと声をかけると、初女《はつめ》さんは、やさしくほほえんで、

「お水をください」

と、小さな声を出しました。

「あ、はい。すぐに持《も》ってきますね」

けれど、お水を持《も》ってきたときには、初女《はつめ》さんは、もう眠《ねむ》っていました。つきそっているスタッフにたずねると、このところ、何も食べていないとのこと。

その日、北山《きたやま》さんは、初女《はつめ》さんが大好《だいす》きだったサバ寿司《ずし》をおみやげに持《も》っていっていました。でも、もう食べられないかもしれません。

そう思いながら、北山《きたやま》さんは、初女《はつめ》さんに声をかけてみました。

「先生、サバ寿司《ずし》食べますか?」

すると、おどろいたことに、初女《はつめ》さんが、「うん」とうなずいたのです。

北山《きたやま》さんはうれしくなって、サバ寿司《ずし》を細かく切り、初女《はつめ》さんの口のなかにそっと入れてみました。

初女《はつめ》さんはそれをゆっくりと食べ、それから、やさしいまなざしを北山《きたやま》さんに向《む》けて、ささやくようにいいました。

「あなたも食べなさい」

北山《きたやま》さんは、まぶたが熱《あつ》くなりました。

（こんな状態《じょうたい》なのに、まだ、人のことを考えてるんだ……）

それから初女《はつめ》さんはしばらく眠《ねむ》り、北山《きたやま》さんはそのそばにいて、長い時間がすぎました。夜はホテルに泊《と》まり、翌日《よくじつ》、ふたたびたずねていくと、初女《はつめ》さんは、やはり静《しず》かに眠《ねむ》っていました。その顔を見ていると、

（いつまでも、そばにいたい）

そんな気持《きも》ちが胸《むね》のなかにあふれてきます。けれど、明日からまた仕事《しごと》。いつまでもここにいることはできません。

北山《きたやま》さんは、初女《はつめ》さんが目を開《あ》けたとき、思い切ってその耳もとで、別《わか》れをつげました。

「先生、帰りますね。また来ますから」

初女《はつめ》さんは、「またね」といって、ふたたび眠《ねむ》りにつきました。

またね……。心のなかでは、それはもうないとわかっていました。それがつらくて、胸《むね》がつまります。

「では、しつれいします」

玄関《げんかん》まで見送《みおく》りにきてくれたスタッフに頭を下げて、北山《きたやま》さんは外に出ました。

あたりは一面《いちめん》、真《ま》っ白でした。冷《つめ》たい風がふきつけて、その風に乗《の》って雪が舞《ま》っています。

くちびるをかみしめて弘前駅前《ひろさきえきまえ》まで歩いた北山《きたやま》さんは、そこで空港《くうこう》に向《む》かうバスを待《ま》ちながら、声をあげて泣《な》きました。

泣《な》いても泣《な》いても、なみだは止まりません。

畑野《はたの》さんは、初女《はつめ》さんが亡《な》くなる三日前に北海道札幌市《ほっかいどうさっぽろし》からかけつけました。

やはり東京《とうきょう》からかけつけた吉田夫妻《よしだふさい》といっしょに弘前市《ひろさきし》のホテルに泊《と》まりこみ、毎日三人で、初女《はつめ》さんの自宅《じたく》をたずねていました。

「こんにちは。先生、体調《たいちょう》どうですか？」

そういって畑野《はたの》さんがそばに行くと、初女《はつめ》さんは、ささやくようにいいました。

「話したいことが、いっぱいあるの。また、ぜったい来てね」

きっと痛《いた》みも強《つよ》いはずなのに、その顔はおだやかで、畑野《はたの》さんはふと、去年《きょねん》見た初女《はつめ》さんの笑顔《えがお》を思い出しました。

そのときすでに体調《たいちょう》が悪《わる》かった初女《はつめ》さんが、

「わたしは、英語《えいご》をひとつだけしゃべれるの」とにっこり笑《わら》って、

「アイ　アム　ハピー」といったのです。

初女《はつめ》さんは、今もきっと、そんな気持《きも》ちでいるのでしょう。

その翌日《よくじつ》、畑野《はたの》さんが初女《はつめ》さんが眠《ねむ》っている部屋《へや》に入って、

「せんせー、また来たよー」

と声をかけ、その手をにぎると、初《はつ》女《め》さんはグッ、グッ、グッと三回にぎり返《かえ》して、そのまま放《はな》そうとしませんでした。

一月三十一日、それは亡《な》くなる数時間前のこと。

いつものように、吉《よし》田《だ》夫《ふ》妻《さい》とともに初《はつ》女《め》さんの自《じ》宅《たく》をおとずれた畑《はた》野《の》さんは、初《はつ》女《め》さんが好《す》きだった茶《ちゃ》碗《わん》蒸《む》しを、台《だい》所《どころ》を借《か》りてつくってみようと思いました。

それは、青《あお》森《もり》県《けん》八《はち》戸《の》市《へ》《し》などの伝《でん》統《とう》料《りょう》理《り》、いちご煮《に》（ウニとアワビの吸《す》い物《もの》）に溶《と》き卵《たまご》を混《ま》ぜて蒸《む》したもの。これまでも、つくって出すたびに、初《はつ》女《め》さんは「おいしいおいしい」と、とても喜《よろこ》んで食べていました。

（先生、食べてくれるかなあ）

少しでも食べてほしい……、そんな気《き》持《も》ちで横《よこ》になっている初《はつ》女《め》さんに声をかけます。

「先生、茶《ちゃ》碗《わん》蒸《む》しですよ。食べますか」

「はい」

そこで、畑野《はたの》さんは、茶碗蒸《ちゃわんむ》しをスプーンでひとさじすくい、初女《はつめ》さんの口にそっと流《なが》すように入れました。

初女《はつめ》さんが、ゆっくりと口を動《うご》かし、畑野《はたの》さんはまた、スプーンですくって口に運《はこ》びます。

そして、八さじまで食べたとき、初女《はつめ》さんはゆっくりと目をとじました。

「ああ、おいしかった」

畑野《はたの》さんはホッとして、夕方六時ごろ、吉田夫妻《よしだふさい》と三人でホテルにもどったのでした。

そして気がついたのです。初女《はつめ》さんは、つらいとか、痛《いた》いとか、人を心配《しんぱい》させるようなことは、ひと言もいわないままだった、ということを――。

その夜、ホテルのベッドで横《よこ》になりながら、畑野《はたの》さんは、初女《はつめ》さんとすごした時間を思い出していました。

（いっしょに車に乗《の》っているとき、カーナビから声が聞こえて、

「何か、しゃべったよ、これ!!」

って、すごくびっくりしていたなあ。

「わたし、パソコンしたいの、教えて」というので少し教えたら、さっそくキーボードをたたいて、だけどすぐにフリーズして、先生もどうしていいかわからず、かたまっておられたなあ）

そんなことを思い出しているうちに、目じりからなみだが流《なが》れていました。

そういえば――。

頭のなかに、数年前の光景《こうけい》がまざまざと浮《う》かびあがりました。

それは、初女《はつめ》さんが八十八歳《さい》のころ、北海道千歳市《ほっかいどうちとせし》にある支笏湖《しこつこ》で開催《かいさい》された講《こう》演会《えんかい》のときのことでした。

全国《ぜんこく》から百人もの人が集《あつ》まって、ユースホステル一棟《いっとう》を借《か》り切り、みんな泊《と》まりがけで大いににぎわいました。

たくさんの人たちが、初女《はつめ》さんの「出会いは未来《みらい》をひらく」という講演《こうえん》に耳をかたむけ、すばらしい風景《ふうけい》のなかで、すばらしい時間をすごしていると、

「このすがたを両親《りょうしん》に見せたかった」

といって、めったに泣《な》かない初女《はつめ》さんが、なみだを流《なが》したのです。

初女《はつめ》さんのうれしなみだ……。

その顔を思い出しながら、畑野《はたの》さんは、ひとり静《しず》かに泣《な》きました。


その夜、九時半ごろのこと。

初女《はつめ》さんの家族《かぞく》と交代《こうたい》してつきそっていた伊藤由香《いとうゆか》さんは、初女《はつめ》さんの呼吸《こきゅう》がずいぶんはやくなったことに気がつきました。

「先生、苦《くる》しいですか⁉」

「はい」

「病院《びょういん》、行かれますか⁉」

「はい」

急《いそ》いで救急車《きゅうきゅうしゃ》がよばれ、それを待《ま》つあいだ、初女《はつめ》さんは、もうろうとした意識《いしき》のなかで、やっぱり料理《りょうり》をしているようでした。

何かを切っているような手の動《うご》きをしているかと思うと、

「なべにジャガイモが煮《に》てあるから、ストーブにかけて、みんなで食べて……」

伊藤《いとう》さんは、「えっ」とおどろき、ジャガイモの入ったなべを探《さが》しましたが、もちろんありません。

（こんなに苦《くる》しいなかでも、みんなに食べてもらうことを考えているなんて）

初女《はつめ》さんは、天国に向《む》かう階段《かいだん》をのぼりながらも、イスキアをおとずれる人のためにお料理《りょうり》をつくっていたのです。

そして、病院《びょういん》に運《はこ》ばれた初女《はつめ》さんは、かけつけた弟《おとうと》の神三男《じんみつお》さんが、

「だいじょうぶかー」

と声をかけたとき、そっとほほえんで、そのまま息《いき》を引き取《と》りました。

二〇一六年二月一日、午前二時半ごろ。初女《はつめ》さん、九十四歳《さい》の旅立《たびだ》ちでした。
初女《はつめ》さんは、最後《さいご》の著書《ちょしょ》『いのちをむすぶ』（集英社《しゅうえいしゃ》）のなかで、「最期《さいご》に望《のぞ》むこと」と題《だい》して、このように書いています。

「最期《さいご》の日になにを望《のぞ》むか、それはきっと特別《とくべつ》なことではなくその人がこれまで繰《く》り返《かえ》してきた日常《にちじょう》の中にある気がします」

まさにそのとおりの最期《さいご》でした。

初女《はつめ》さんが亡《な》くなる直前、仕事《しごと》を休んでかけつけた人がいました。ホテルに泊《と》まりこんで、初女《はつめ》さんのもとに通い続《つづ》けた人がいました。

その人たちは、どうしてそこまで初女《はつめ》さんを大切にしたのでしょう。

それは、初女《はつめ》さんが自分ではなく、人を大切にしたからです。

人は、自分をいちばんに考えてあたりまえなのかもしれません。けれど、自分のことばかり考えていては、人ははなれていくものです。

人のことを考えて生きていれば、人とともに生きていける――初女《はつめ》さんの生き方は、わたしたちにそれを教えてくれました。

二月六日、カトリック弘前《ひろさき》教会で初女《はつめ》さんの告別式《こくべつしき》が行われました。この教会は、初女《はつめ》さんが奉仕《ほうし》に生きる決心《けっしん》をするきっかけとなる、ヴァレー神父《しんぷ》のお話を聞いた、思い出深《ぶか》い場所《ばしょ》です。

粉雪《こなゆき》がはらはらと舞《ま》うなか、教会にはたくさんの参列者《さんれつしゃ》が集《あつ》まっていました。そして、式《しき》が終《お》わって外に出てきた人たちに、ガールスカウトの少女たちが、お別《わか》れの花を一輪《いちりん》ずつ手わたしていました。

告別式《こくべつしき》に参加《さんか》した編集者《へんしゅうしゃ》の武田和子《たけだかずこ》さんは、そんな光景《こうけい》に目をうるませました。

（初女《はつめ》さんは、ガールスカウトの精神《せいしん》は「生物多様性《せいぶつたようせい》、つまり『ぬか漬《づ》け』です」っておっしゃっていたなあ……。ぬか漬《づ》けは、キュウリもニンジンもおたがいがそれぞれの味《あじ》、いのちを生かしあうことで、みんながおいしくなる。それと同

じって)

ちがう者同士《ものどうし》が、みんないっしょに協力《きょうりょく》し合い、生かし合ってともに生きる——

生前、初女《はつめ》さんは、ガールスカウトの活動《かつどう》は人としての「品格《ひんかく》」を育《そだ》てていくのにすばらしいものだといっていました。そして、自分もガールスカウトの団委員長《だんいいんちょう》として行事《ぎょうじ》に参加《さんか》するたびに、少女たちにいろいろなお話をしていました。

武田《たけだ》さんは今、花を手わたす少女たちを見て、

(初女《はつめ》さんの心は、この少女たちに移《うつ》しかえられている)

そんなことを感《かん》じ、胸《むね》が熱《あつ》くなったのです。そしてまた、こうも思いました。

(初女《はつめ》さんと出会われたすべての人たちも、きっと同じにちがいない……)

と。

それは、悲《かな》しみいっぱいのなかにさした、ひとすじの光でした。

初女《はつめ》さんは生前、年齢《ねんれい》とともに思うように動《うご》けなくなっていくことを、

「くやしいです」

と語っていました。

「まだまだ、やりたいことがいっぱいあるの」

そうもいっていました。

そのなかに、森のイスキアのわきにある四三〇坪《つぼ》の土地に畑《はたけ》をつくり、野菜《やさい》を育《そだ》てる、という夢《ゆめ》がありました。

「畑《はたけ》がしたいなあ。土が大切だもの」

日ごろから、農家《のうか》の畑《はたけ》に行くと、実《みの》っている野菜《やさい》を楽しげに収穫《しゅうかく》し、それを

（どうしたら、いちばんおいしくいただけるかしら）

と考えながら料理《りょうり》していたものでした。

だから、近くにある弘前市立常盤野《ひろさきしりつときわの》小中学校の子どもたちといっしょに、この土地で畑《はたけ》をしたい。野菜《やさい》が成長《せいちょう》する過程《かてい》を、いっしょに見たい。自分で育《そだ》てた野菜《やさい》をていねいに料理《りょうり》して、野菜《やさい》ひとつひとつのいのちをいただくという気持《きも》ちを伝《つた》えた

い――それをずっと願《ねが》っていたのでした。

けれど、夢《ゆめ》はかなわないまま、初女《はつめ》さんは天国に行ってしまいました。

今、そこは「佐藤初女《さとうはつめ》メモリアルガーデン」と命名《めいめい》され、常盤野《ときわの》小中学校の子どもたちによってホウキソウやコリウスが植《う》えられています。

ホウキソウは、秋になると真《ま》っ赤《か》に色づき、葉《は》が落《お》ちたあとは実際《じっさい》にホウキの原《げん》料《りょう》となる草です。

蔦川俊之《つたかわとしゆき》校長は、葉《は》の落《お》ちたホウキソウを「初女《はつめ》さんのホウキ」として、近くのスキー場におくり、リフトの雪をはらうなど、役《やく》に立ててもらおうと考えています。

それが、ホウキソウのいのちの移《うつ》しかえだと思うからです。

そして、その土地の真《ま》ん中には、まだまだ細いニセアカシアの木がすっくと立っています。

ニセアカシアの花言葉《はなことば》のひとつは、たよられる人。またひとつは、友情《ゆうじょう》。

初女《はつめ》さんと子どもたちに、ぴったりの木です。

初女《はつめ》さんの志《こころざし》は、今もたくさんの人たちに受《う》けつがれています。

ある人は、初女《はつめ》さんのように、自宅《じたく》におとずれる人たちをわけへだてなく受《う》け入れ、食事《しょくじ》でもてなして、その話に耳をかたむけています。

ある人は、おむすび講習会《こうしゅうかい》を開《ひら》き、初女《はつめ》さんの心を伝《つた》えていこうとしています。

ある人は、傾聴《けいちょう》（相手《あいて》の心を受《う》け止めながら、その話をきくこと）ボランティアとして、東日本大震災《だいしんさい》の被災地《ひさいち》に通い続《つづ》けています。

ある人は、初女《はつめ》さんが使《つか》っていたぬか床《どこ》を引きついで、ぬか漬《づ》けをつくり続《つづ》けています。

みんな初女《はつめ》さんの、

「あなたには、できることがあります。あなたがいる場所《ばしょ》で、あなたができることをしてください」

という言葉《ことば》を、行動《こうどう》に移《うつ》しているのです。

亡《な》くなる少し前、そんな人たちに向《む》けて、初女《はつめ》さんはこういいました。

「前へ、先へ、行きなさい」

初女《はつめ》さんのまいた種《たね》は、そこここに芽《め》を出し、葉《は》を広げ、これからも成長《せいちょう》していくことでしょう。

最後《さいご》に、初女《はつめ》さんの言葉《ことば》をここに記して、佐藤初女《さとうはつめ》物語をむすびましょう。

「わたしが亡《な》くなっても、みなさんの心のなかで生きています」

おわり

あとがき

食はいのち――なんとシンプルで、力強い言葉《ことば》でしょう。まさに初女《はつめ》さんの生き方そのものが、このひと言に集約《しゅうやく》されている気がします。

数年前、食の大切さを伝《つた》えたいと考えていたわたしは、紹介《しょうかい》してくれた知人とともに、初女《はつめ》さんをその講演先《こうえんさき》である愛媛県松山市《えひめけんまつやまし》にたずねたことがありました。

そのときなによりおどろいたのは、九十歳《さい》をこえているにもかかわらず、遠く青《あお》森県《もりけん》から移動《いどう》して講演《こうえん》とおむすび講習会《こうしゅうかい》をこなし、場合によっては次の地へ向《む》かうこともしばしば、というハードスケジュールを、終始《しゅうし》つかれを見せずにこなされていることでした。おだやかで、静《しず》かな湖面《こめん》のようなたたずまいですが、食事《しょくじ》を大切にされているからか、とても健康《けんこう》でパワフルな方だと思ったのです。

でも、初女《はつめ》さんの人生をつづってきた今、決《けっ》してラクではなかったはずのその活《かつ》動《どう》は、つかれに耐《た》える心の強さと、「求《もと》められればどこへでも」という奉仕《ほうし》の精神《せいしん》に支《ささ》えられていたと知りました。

そんな初女《はつめ》さんの数々《かずかず》の言葉《ことば》はやさしくて、けれど強い力がありました。わたし自身《じしん》、その言葉《ことば》にどれほどはげまされたかしれません。

この本を通して読者《どくしゃ》のみなさんが、初女《はつめ》さんの何かしらを感《かん》じとり、その名を心にのこしてくれたなら、ほんとうにうれしいです。

刊行《かんこう》にいたるまで、森のイスキア事務局《じむきょく》のみなさん、初女《はつめ》さんの志《こころざし》をついだ多くの方々《かたがた》にご協力《きょうりょく》をいただきました。この場をかりて、心からお礼申《れいもう》し上げます。

二〇一八年　猛暑《もうしょ》の夏に

あんずゆき

佐藤初女《さとうはつめ》さんのあゆみ

1921（大正《たいしょう》10）年	0歳《さい》	10月3日、青森《あおもり》市《し》沖館《おきだて》の神家《じんけ》に生まれる。このころ、おばあちゃんの家で、生まれて初《はじ》めて教会の鐘《かね》の音を聞く。
1926（大正《たいしょう》15・昭和元《しょうわがん》）年	5歳《さい》	このころ、お父さんが事業《じぎょう》に失敗《しっぱい》し、家族《かぞく》で函館市《はこだてし》に引っ越《こ》す。
1934（昭和《しょうわ》9）年	13歳《さい》	北海道庁立《ほっかいどうちょうりつ》函館《はこだて》高等《こうとう》女学校に入学。
1937（昭和《しょうわ》12）年	16歳《さい》	このころ、結核《けっかく》をわずらい、女学校を中退《ちゅうたい》。青森《あおもり》で療養中《りょうようちゅう》に、食べることの大切さに気づく。近くに開校《かいこう》した青森技芸学院《あおもりぎげいがくいん》に入学。
1941（昭和《しょうわ》16）年	20歳《さい》	小学校の家庭科《かていか》の先生になる。太平洋戦争《たいへいようせんそう》が始《はじ》まる。
1944（昭和《しょうわ》19）年	23歳《さい》	勤《つと》め先の小学校の佐藤又一《さとうまたいち》校長と結婚《けっこん》。
1945（昭和《しょうわ》20）年	24歳《さい》	青森空襲《あおもりくうしゅう》にあう。弘前市《ひろさきし》に引っ越《こ》し、終戦《しゅうせん》をむかえる。
1947（昭和《しょうわ》22）年	26歳《さい》	いのちの危険《きけん》をおかして長男の芳信《よしのぶ》さんを出産《しゅっさん》。
1954（昭和《しょうわ》29）年	33歳《さい》	芳信《よしのぶ》さんといっしょにカトリックの洗礼《せんれい》を受《う》ける。
1956（昭和《しょうわ》31）年	35歳《さい》	このころ、病気《びょうき》が完全《かんぜん》に治《なお》ったと実感《じっかん》。
1958（昭和《しょうわ》33）年	37歳《さい》	自宅《じたく》にろうけつ染《ぞ》めの工房《こうぼう》、弘前染色工房《ひろさきせんしょくこうぼう》を開《ひら》く。
1962（昭和《しょうわ》37）年	41歳《さい》	このころから自宅《じたく》に人が集《あつ》まるようになり、手料理《てりょうり》をふるまったり、話を聞いたりするようになる。
1970（昭和《しょうわ》45）年	49歳《さい》	カトリック弘前《ひろさき》教会のミサでヴァレー神父《しんぷ》の話を聞き、自分をたよって集《あつ》まっ

てくる人々《ひとびと》のために生きる決意《けつい》をする。

1973（昭和《しょうわ》48）年	52歳《さい》	夫《おっと》の又一《またいち》さんが亡《な》くなる。
1983（昭和《しょうわ》58）年	62歳《さい》	自宅《じたく》の二階《にかい》を増築《ぞうちく》し、弘前《ひろさき》イスキアを始《はじ》める。
1992（平成《へいせい》4）年	71歳《さい》	岩木山《いわきさん》のふもとに森のイスキアが完成《かんせい》する。
1993（平成《へいせい》5）年	72歳《さい》	コネチカット州《しゅう》（アメリカ）のレジナ・ラウディス修道院《しゅうどういん》から鐘《かね》がおくられる。
1994（平成《へいせい》6）年	73歳《さい》	龍村仁監督《たつむらじんかんとく》から映画《えいが》『地球交響曲《ガイアシンフォニー》第二番《だいにばん》』への出演《しゅつえん》の依頼《いらい》を受《う》け、撮影《さつえい》が始《はじ》まる。6月、鐘《かね》のお祝《いわ》いの式典《しきてん》がとりおこなわれる。
1995（平成《へいせい》7）年	74歳《さい》	映画《えいが》『地球交響曲《ガイアシンフォニー》第二番《だいにばん》』が公開《こうかい》される。
1997（平成《へいせい》9）年	76歳《さい》	『おむすびの祈《いの》り』（PHP研究所《けんきゅうしょ》）が刊行《かんこう》される。
2000（平成《へいせい》12）年	79歳《さい》	森のイスキアのうらにある杉林《すぎばやし》を寄付《きふ》により購入《こうにゅう》。息子《むすこ》の芳信《よしのぶ》さんが「小さな森」と名づける。
2002（平成《へいせい》14）年	81歳《さい》	息子《むすこ》の芳信《よしのぶ》さんが亡《な》くなる。9月、イスキア島《とう》（イタリア）を訪問《ほうもん》。
2004（平成《へいせい》16）年	83歳《さい》	建築家《けんちくか》の藤木隆男《ふじきたかお》さんの設計《せっけい》のもと、小さな森の修景《しゅうけい》が始《はじ》まる。
2005（平成《へいせい》17）年	84歳《さい》	修景《しゅうけい》が終《お》わり、小さな森が生まれ変《か》わる。
2010（平成《へいせい》22）年	89歳《さい》	『いのちの森の台所《だいどころ》』（集英社《しゅうえいしゃ》）が刊行《かんこう》される。
2012（平成《へいせい》24）年	91歳《さい》	DVDフォトブック『いのちのふるさと』（Ann Books）が刊行《かんこう》される。
2016（平成《へいせい》28）年	94歳《さい》	2月1日、天国へ旅立《たびだ》つ。『いのちをむすぶ』（集英社《しゅうえいしゃ》）が遺作《いさく》となる。

※年齢《ねんれい》は、その年の10月3日現在《げんざい》を示《しめ》す。ただし、2016（平成《へいせい》28）年は2月1日現在《げんざい》。

主な参考文献

『おむすびの祈り』（佐藤初女著　ＰＨＰ研究所）
『きれいな心 と なんでもできる手』（ガールスカウト日本連盟監修　ＰＨＰ研究所）
『いのちの森の台所』（佐藤初女著　集英社）
『いのちをむすぶ』（佐藤初女著　集英社）
『朝一番のおいしいにおい』（佐藤初女著　女子パウロ会）
『こころ咲かせて』（佐藤初女著　サンマーク出版）
「森のイスキア修景計画　経過報告」（吉田俊雄著）

資料提供：吉田俊雄、心山珠里、北山聖子、西村美朝子、小川郁美
取材協力：森のイスキア事務局、京都市立小栗栖小学校、弘前市立常盤野小中学校
写真提供：岸圭子（Ｐ2～5、Ｐ7、Ｐ53、Ｐ66）、オザキマサキ（Ｐ6、Ｐ135）、北山聖子（Ｐ13、Ｐ15）、豊田都（Ｐ54、Ｐ68）、佐藤正治（Ｐ73、Ｐ111）、畑野弘子（Ｐ114）、工藤真理子（Ｐ128）、親族（Ｐ23、Ｐ24、Ｐ37、Ｐ39、Ｐ43）、函館市公式観光情報サイト「はこぶら」（Ｐ31）

◎本書は、取材《しゅざい》や各種《かくしゅ》資料《しりょう》に基《もと》づいたノンフィクションですが、文中の会話や発言《はつげん》など、一部《いちぶ》、想像《そうぞう》で補《おぎな》っているところ、省略《しょうりゃく》しているところがあります。

PHP 心のノンフィクション　発刊のことば

夢や理想に向かってひたむきに努力し大きな成果をつかんだ人々、逆境を乗り越え新しい道を切りひらいた人々……その姿や道程を、事実に基づき生き生きと描く「ＰＨＰ心のノンフィクション」。若い皆さんに、感動とともに生きるヒントや未来への希望をお届けしたいと願い、このシリーズを発刊します。

著者　あんずゆき

広島県生まれ。作品に、『やんちゃ子グマがやってきた！』（第56回青少年読書感想文全国コンクール中学年課題図書）「おたすけ屋助太のぼうけん」シリーズ（共にフレーベル館）、『ホスピタルクラウン・Kちゃんが行く』（第57回青少年読書感想文全国コンクール中学年課題図書）『菌ちゃん野菜をつくろうよ！』（共に佼成出版社）、『モンキードッグの挑戦』『おれさまはようかいやで』（共に文溪堂）、『デカ物語』（くもん出版）、『土手をかけおりよう！』（文研出版）など多数。日本児童文学者協会会員。

装　幀　一瀬錠二（Art of NOISE）
組　版　有限会社エヴリ・シンク
編集協力　蓬田愛

佐藤初女《さとうはつめ》物語
おむすびに心をこめて

2018年9月4日　第1版第1刷発行

著　者　あんずゆき
発行者　瀬津　要
発行所　株式会社PHP研究所
東京本部　〒135-8137　江東区豊洲5-6-52
児童書出版部　☎03-3520-9635（編集）
児童書普及部　☎03-3520-9634（販売）
京都本部　〒601-8411　京都市南区西九条北ノ内町11
PHP INTERFACE　https://www.php.co.jp/

印刷所
製本所　凸版印刷株式会社

ISBN978-4-569-78797-8

NDC916　159P　22cm